the date of Bâṇa beyond the possibility of cavil. As a matter of fact Bâṇa's date is one of the surest planks in the tottering structure of ancient India Chronology.

This is not the place to set out in detail how Bâṇa's date has been fixed. Suffice it to say that a famous Chinese traveller, Hiouen Thsang, was in India from 629 A. D. to 645 A. D. He has left extensive memoirs of his travels, in which he speaks in detail about a king Harsha who was the emperor of northern India. Although there are slight discrepancies in the accounts of Harsha furnished by Bâṇa and the Chinese pilgrim, the points of agreement are so many and so striking that there is not the least doubt that the Emperor Harsha, the patron of Bâṇa, is the same as the great monarch of whom the Chinese pilgrim has left extensive notices. Harsha is said to have reigned from 606 A. D. to 648 A. D. Therefore Bâṇa must have flourished towards the end of the 6th and in the first half of the 7th century of the Christian era.

We shall set forth below a good deal of evidence which strongly corroborates the above conclusion. We believe that a part of this evidence is for the first time brought to the notice of Sanskrit scholars by us.

(1) The Harshacharita of Bâṇa is mentioned by Ruyyaka in his Alamkârasarvasva a number of times.* We are told by him that he wrote a work called Harshacharitavârtika †. Ruyyaka wrote his Alamkârasarvasva about 1150 A. D.

(2) Kshemendra, in his voluminous writings, men-

---

* " 'यस्तपोवनमिति मुनिभिः...' इत्यादि हर्षचरिते श्रीकण्ठाख्यजनपदवर्णने" p. 47 of अलंकारसर्वस्व; "तथा च हर्षचरिते 'अनुरूपो देव्या इत्यात्मसम्भावना' इत्यादौ, तथा 'यामीति न स्नेहसदृशम्' इत्यादावुक्तविषय आक्षेपः" p. 117 of अलं०; "यथा हर्षचरिते राज्यवर्धनं प्रति श्रीहर्षोक्तिषु 'यदि बाल इति सुतरामपरित्याज्योऽस्मि ...' " p. 139; 'नमन्तु शिरांसि धनूंषि वा कर्णपूरीक्रियन्तामाज्ञा मौर्व्यो वा' p. 158 of अलं० (this occurs in the 6th उच्छ्वास); "यथा वा हर्षचरितप्रारम्भे ब्रह्मसदसि वेदस्वरूपवर्णने। ...एवं तत्रैव मुनिक्रोधवर्णने, पुलिन्दवर्णनादौ ज्ञेयम्" p. 182. He quotes from the Kâdambarî also. 'चित्रकर्मसु वर्णसङ्करो यतिषु दण्डग्रहणानि' p. 154 of अलं० (see कादम्बरी p. 6 of P.)

† 'एषा (उत्प्रेक्षा) च समस्तोपमाप्रतिपादकविषयेऽपि **हर्षचरितवार्तिके साहित्यमीमांसायां** च तेषु तेषु प्रदेशेषूदाहृता' p. 61 of अलंकारसर्वस्व.

tions Bâṇa by name a number of times *. Kshemendra tells us that he wrote his Kavikaṇṭhâbharaṇa and Suvṛitta-tilaka in the reign of king Anantarâja (1028-1063 A. D.) of Kashmir, and quotes a verse of king Kalas'a (1080 A. D.—1088 A. D.). So he flourished in the latter half of the 11th century A. D. Kshemendra seems to have written a work called 'Padyakâdambarî' based on Bâṇa's romance.†

(3) Namisâdhu, the commentator of Rudraṭa's Kâvyâlamkâra, mentions the Kâdambarî and the Harshacharita as specimens of the two types of prose compositions, *viz.*, Kathâ and Âkhyâyikâ‡. From the last verse of his comment, we learn that Namisâdhu wrote in 1069 A. D.

(4) Bhoja in his Sarasvatîkaṇṭhâbharaṇa has a few references to Bâṇa. In one place we are told that Bâṇa does not excel so much in poetry as in prose¶. The exact dates of Bhoja's reign (which was very long, extending over 50 years) are not yet fixed. But he seems to have come to the throne in the second decade of the 11th century.

(5) The Das'arûpa of Dhanamjaya mentions Bâṇa by name§. Dhanamjaya was patronized by king Munja.$ If Munja is the uncle of the great Bhoja, as it seems to be the case, Dhanamjaya flourished before 1000 A. D.

---

* In his औचित्यविचारचर्चा he quotes the verse 'स्तनयुगमश्रुस्नातं' &c. and says in the same work "न तु यथा भट्टबाणस्य 'जयत्युपेन्द्रः स चकार' ". In his कविकण्ठाभरण (सन्धि II) he says "यथा च भट्टबाणस्य 'कटु क्वणन्तो मलदायकाः' " (which occurs in the Introduction to the कादम्बरी).

† In his कविकण्ठाभरण, क्षेमेन्द्र cites no less than seven verses from his पद्यकादम्बरी. One of them is 'तत्कालोपनते वयस्यनिधने हा पुण्डरीकेति तन्मोहव्यञ्जनमश्मभञ्जनमलं जीवस्य सन्तर्जनम्। कुञ्जव्यापि कपिञ्जलेन करुणं निस्पदमाक्रन्दितं येनाद्यापि च तैः स्मृतेन हरिणैः शष्पं परित्यज्यते॥' (this is cited as an instance of शब्दवैमल्य in the 4th सन्धि).

‡ See comment on काव्यालङ्कार of रुद्रट XVI. 22 and 26.

¶ 'यादृग्गद्यविधौ बाणः पद्यबन्धे न तादृशः।' p. 142 of the 1st Vol. of the Benares edition. See p. 146 of the same volume for a quotation from Bâṇa 'हर इव जितमन्मथः गुह इवाप्रतिहतशक्तिः'.

§ 'यथा हि महाश्वेतावर्णनावसरे भट्टबाणस्य' under II. 35 (निर्णय० ed.); 'यथा कादम्बर्यां वैशम्पायनस्य' under IV. 66.

$ 'आविष्कृतं मुञ्जमहीशगोष्ठीवैदग्ध्यभाजा दशरूपमेतत्' last verse of the दशरूप.

down by the author of the Dhvanyâloka. He says* that even in an Âkhyâyikâ very long compounds should not occur in depicting pathos and the love of separated lovers.

† Abhinavagupta distinguishes Âkhyâyikâ from Kathâ by saying that the former is divided into sections called Uchchhvâsas and contains verses in the Vaktra and Aparavaktra metres; while the latter lacks these features. The Sâhityadarpaṇa says:—a Kathâ contains a fine plot in prose, with a verse in the Âryâ, Vaktra or Aparavaktra metre here and there; a Kathâ is introduced by a salutation in verse and reference is made to the conduct of the wicked &c‡. It further says that an Âkhyâyikâ is just like a Kathâ with this addition that the former contains a narrative of the poet himself and of other poets, that its divisions are styled Âs'vâsas and that it contains verses at the beginning of each Âs'vâsa that suggest future events.§

In passing we wish to notice one question of interest. Is Bâṇa indebted to anybody for the materials of his Kâdambarî ? It seems that Bâṇa derived the dry bones of his story from the Bṛihatkathâ of Guṇâḍhya. That work, said to have been written in the Pais'âchî language, is

* 'आख्यायिकायां तु भूम्ना मध्यमसमासादीर्घसमासे एव सङ्घटने। गद्यस्य विकटनिबन्धाश्रयेण च्छायावत्त्वात् । तत्र च तस्य प्रकृष्यमाणत्वात् । कथायां तु विकटबन्धप्राचुर्येऽपि गद्यस्य रसबन्धोक्तमौचित्यमनुसर्तव्यम् । ...गद्यबन्धेऽपि अतिदीर्घसमासा रचना न विप्रलम्भशृङ्गारकरुणयोराख्यायिकायामपि शोभते'। ध्वन्यालोक p. 143.

† 'आख्यायिकोच्छ्वासादिना वक्त्रापरवक्त्रादिना च युक्ता। कथा तद्विरहिता' p. 143 of लोचन.

‡ कथायां सरसं वस्तु गद्यैरेव विनिर्मितम् ॥
क्वचिदत्र भवेदार्या क्वचिद्वक्त्रापवक्त्रके ॥
आदौ पद्यैर्नमस्कारः खलादेर्वृत्तकीर्तनम् ॥

साहित्यदर्पण 6th Parichchheda.

Dr. Peterson read पद्यैरेव विनिर्मितम् and translated 'A Kathâ...is a narration in prose of matter already existing in a metrical form' p. 69 of Introduction to the Kâdambarî.

§ 'आख्यायिका कथावत्स्यात्कवेर्वंशानुकीर्तनम्। अस्यामन्यकवीनां च वृत्तं पद्यं क्वचित्क्वचित् ॥ कथांशानां व्यवच्छेद आश्वास इति बध्यते । आर्यावक्त्रापवक्त्राणां छन्दसा येन केनचित्। अन्यापदेशेनाश्वासमुखे भाव्यर्थसूचनम्।'

now lost*. But there exist two Sankrit renderings of that Bṛihatkathâ, the one by Kshemendra called Bṛihatkathâmanjarî and the other by Somadeva called Kathâsaritsâgara. The story of Sumanas (Sumânasa in Bṛihatkathâmanjarî) bears a remarkable resemblance to the Kâdambarî in the matter of incidents. As the story is a long one we forbear from reproducing it here. The curious reader may refer to the works of Kshemendra and Somadeva.† Bâṇa of course exercised the poet's privilege in moulding the narrative so as to suit his own purpose. He infused life and vigour into the dry-as-dust narrative of the Bṛihatkathâ.

V Literary Estimate.

Bâṇa is one of the brightest stars in the galaxy of Sanskrit poets. Ancient Sanskrit writers and modern European critics are at one in bestowing on Bâṇa an unstinted meed of praise. By Sanskrit critics, his works were regarded as the finest specimens of the Pânchâlî style of composition.‡ He is easily the first among the writers of classical Sanskrit

---

* That the Bṛihatkathâ of Guṇâḍhya was in existence before 600 A. D. can be proved by numerous quotations from ancient authors. We shall cite a few. कथा हि सर्वभाषाभिः संस्कृतेन च बध्यते। भूतभाषामयीं प्राहुरद्भुतार्थां बृहत्कथाम्॥ काव्यादर्श I. 38.; समुद्दीपितकन्दर्पा कृतगौरीप्रसाधना। हरलीलेव नो कस्य विसयाय बृहत्कथा॥ Introduction to हर्षचरित; 'बृहत्कथारम्भैरिव शालभञ्जिकोपेतैः' 'केचिद् बृहत्कथानुबन्धिनो गुणाढ्याः' (both from वासवदत्ता); 'बृहत्कथाकुशलैन' (कादम्बरी Peterson p. 51. l. 15); 'इत्याद्यशेषमिह वस्तुविभेदजातं रामायणादि च विभाव्य बृहत्कथां च। आसूत्रयेत्तदनु नेतृरसानुगुण्याच्चित्रां कथामुचितचारुवचःप्रपञ्चैः॥' दशरूप of धनञ्जय; नमिसाधु commenting upon Rudraṭa II. 10 says "तथा प्राकृतमेव किंचिद्विशेषात् पैशाचिकम्।...इत्यादयोऽन्येपि प्राकृतविहिता व्यञ्जनादेशा न क्रियन्ते ते च बृहत्कथादिलक्ष्यदर्शनाज्ज्ञेयाः'. The Nalachampû and Govardhana's Saptas'atî praise Guṇâḍhya.

† See बृहत्कथामञ्जरी (निर्णयसागर ed.) XVI. 183–251 and कथासरित्सागर X. 3. (शक्तियशोलम्बक 3rd तरङ्ग).

‡ शब्दार्थयोः समो गुम्फः पाञ्चाली रीतिरिष्यते।
शीलाभट्टारिकावाचि बाणोक्तिषु च सा यदि॥

i. e. **In the Pânchâlî style word and sense should be equally balanced.**

Chālukyas of Badami, became the overlord of the Deccan south of the Narmadā, as Harsha had become emperor of Northern India. Harsha wanted to break down his supremacy but failed. * The Chālukya emperor claims to have inflicted a crushing defeat on the emperor Harsha. †

Harsha established an era of his own which commenced in 606 A. D. Several inscriptions dated in this era have been recovered. ‡ This is not the place to go into that question. We may mention that Alberuni's account of this era is most confusing. He says that the era of Harsha is used in Mathurā and the country of Kanoj, that between S'rîharsha and Vikramāditya there is an interval of four hundred years; but that according to the Kashmirian calendar the era of S'rîharsha was 664 years later than Vikramāditya. §

IX Harsha as a poet and a patron of literature.

Not only was Harsha great as a conqueror and ruler, but he is an author of considerable distinction. We have discussed above the question of the authorship of the Ratnāvali and come to the conclusion that it is the work of Harsha. This is not the place to enter upon a critical examination of the three plays of Harsha. It may be said that they do not show the highest flights of imagination and fancy and are much inferior to the masterpieces of Kālidāsa and Bhavabhūti. They have however a peculiar simplicity, correctness and charm which have endeared them to the writers of works on dramaturgy. In the Nāgānanda, the author takes up the story of Jîmûtavāhana famous in Buddhist legend.

---

* See B. R. W. W. vol. II pp. 256–257 and Mr. V. A. Smith's Early History of India p. 313.

† Note the verse 'अपरिमितविभूतिस्फीतसामन्तसेनामकुटमणिमयूखाक्रान्तपादारविन्दः । युधि पतितगजेन्द्रानीकबीभत्सभूतो भयविगलितहर्षो येन चाकारि हर्षः ॥' E. I. vol. 6 p. 6 and I. A. vol. VIII p. 242; I.A. vol. VI p. 76 'समरसंसक्तसकलोत्तरापथेश्वरश्रीहर्षवर्धनपराजयोपलब्धपरमेश्वरापरनामधेयस्य सत्याश्रयश्रीपृथिवीवल्लभमहाराजाधिराजपरमेश्वरस्य प्रियतनयः.' At p. 86 the words 'समर...नामधेयः' recur. In I. A. vol. VIII p. 13 सत्याश्रय is spoken of as 'जेतुर्दिशां विजितहर्षमहानृपस्य.'

‡ See I. A. vol. 26 p. 32 and E. I. vol. V Appendix p. 73 ff

§ Vide Alberuni (ed. by Sachau) vol. II p. 5 (Trubner) and Cunningham's Indian Eras pp. 64–65.

Besides these three plays Harsha is credited by some with the authorship of the Suprabhāta stotra (for which see Appendix B) and the Ashṭamahās'rîchaityastotra. But in the Tibetan Tanjur and in Minayeff's MSS. the former is ascribed to king Harshadeva of Kashmir.* In the Madhuban inscription a verse composed by Harsha is quoted and it is not unlikely that the verse about Rājyavardhana is Harsha's own composition. Kshîrasvāmin in his commentary on the Amarakos'a † quotes a lexicographer S'rîharsha. The Subhāshitāvali cites a verse of S'rîharshadeva which is not found in his extant works. ‡ In the Prasannarāghava of Jayadeva (I. 22) Harsha is styled the 'joy of poesy'. Harsha, as has been usual with almost all great Indian kings, was a patron of literature. His munificence was enjoyed by poets like Bāṇa, Mayûra and Mātangadivâkara. The Subhâshitâvali quotes a verse of Mayûra in which a certain unnamed king is praised. § It is not unlikely that the king referred to is Harsha. The commentary on the Kāvyaprakās'a called Sârasamuchchaya praises the liberality of Harsha towards Bâṇa. $

X. The State of religious beliefs under Harsha.

There are several points of interest on which a close study of the Harshacharita yields valuable information; but for want of space we pass them over. It would however be improper not to say a few words on the state of religion under Harsha.

Our authorities show that there were three competing

---

* *Vide* J. R. A. S. for 1903 p. 704

† 'सञ्जातमृत्युर्मरकं मारिर्मारी च देवतेति **श्रीहर्षः**' on 'आतुरोऽभ्यमितोऽभ्यान्तः'.

‡ No. 233 'अशठमलोलमजिह्मं त्यागिनमनुरागिणं विशेषज्ञम् । यदि नाश्रयति नरं श्रीः श्रीरेव हि वञ्चिता तत्र ॥'. The same verse is No. 470 in the शार्ङ्गधरपद्धति, but the author is not specified.

§ No. 2515 'भूपालाः शशिभास्करान्वयभुवः के नाम नासादिता भर्तारं पुनरेकमेव हि भुवस्त्वां देव मन्यामहे । येनाङ्गं परिमृष्य कुन्तलमथाकृष्य व्युदस्यायतं चोलं प्राप्य च मध्यदेशमधुना काञ्च्यां करः पातितः ॥'. It will be noticed that the words अङ्ग, कुन्तल, चोल, मध्यदेश and काञ्ची are paronomastic.

$ 'हेम्नो भारशतानि वा मदमुचां वृन्दानि वा दन्तिनां श्रीहर्षेण समर्पितानि कवये बाणाय कुत्राद्य तत् । या बाणेन तु तस्य सूक्तिनिकरैरुट्टङ्किताः कीर्तयस्ताः कल्पप्रलयेऽपि यान्ति न मनाङ्मन्ये परिम्लानताम् ॥.'

वसरो विदुषि शुचाम्। इदं च ते त्रिभुवनमङ्गलैककमलममङ्गलभूताः कथमिव मुखमपवित्रयन्त्यश्रुबिन्दवः। तदलम्। अधुना कथय कतमं भुवो भागमलङ्कर्तुमिच्छसि। कस्मिन्नवतितीर्षति ते पुण्यभाजि प्रदेशे हृदयम्। कानि वा तीर्थान्यनुग्रहीतुमभिलषसि केषु वा धन्येषु तपोवनधामसु तपस्यन्ती स्थातुमिच्छसि। सज्जोऽयमुपचरणचतुरः सहपांशुक्रीडापरिचयपेशलः प्रेयान्सखीजनः क्षितितलावतरणाय। अनन्यशरणा चाद्यैव प्रभृति प्रतिपद्यस्व मनसा वाचा क्रियया च सर्वविद्याविधातारं धातारं च स्वश्रेयसे स्वचरणरजःपवित्रितत्रिदशासुरं सुधासूतिकलिकाकल्पितकर्णावतंसं देवदेवं त्रिभुवनगुरुं त्र्यम्बकम्। अल्पीयसैव कालेन स ते शापशोकविरतिं वितरिष्यति'। इति।

एवमुक्ता मुक्तमुक्ताफलधवललोचनजललवा सरस्वती प्रत्यवादीत्—'प्रियसखि, त्वया सह विचरन्त्या न मे काञ्चिदपि पीडामुत्पादयिष्यति ब्रह्मलोकविरहः शापशोको वा। केवलं कमलासनसेवासुखमार्द्रयति मे हृदयम्। अपि च त्वमेव वेत्सि मे भुवि धर्मधामानि समाधिसाधनानि योगयोग्यानि च स्थानानि स्थातुम्' इत्येवमभिधाय विरराम रणरणकोपनीतप्रजागरा चानिमीलितलोचनैव तां निशामनयत्।

अपरेद्युरुदिते भगवति त्रिभुवनशेखरे खणखणायमानखरखलीनक्षतनिजतुरगमुखक्षिप्तेन क्षतजेनेव पाटलितवपुष्युदयाचलचूडामणौ जरत्कृकवाकुचूडारुणारुणपुरःसरे विरोचने नातिदूरवर्ती विविच्य पितामहविमानहंसकुलपालः पर्यटन्नपरवक्त्रमुच्चैरगायत्—

'तरलयसि दृशं किमुत्सुकामकलुषमानसवासलालिते।
अवतर कलहंसि वापिकां पुनरपि यास्यसि पङ्कजालयम्'

तच्छ्रुत्वा सरस्वती पुनरचिन्तयत्—'अहमिवानेन पर्यनुयुक्ता। भवतु। मानयामि मुनेर्वचनम्' इत्युक्त्वोत्थाय कृतमहीतलावतरणसङ्कल्पा परित्यज्य वियोगविक्लवं स्वपरिजनं ज्ञातिवर्गमवगणय्यावगणा त्रिः प्रदक्षिणीकृत्य चतुर्मुखं कथमप्यनुनयनिवर्तितानुयायिव्रतिव्राता ब्रह्मलोकतः सावित्रीद्वितीया निर्जगाम।

ततः क्रमेण ध्रुवप्रवृत्तां धर्मधेनुमिवाधोधावमानधवलपयोधराम्, उद्धुरध्वनिम्, अन्धकमथनमौलिमालतीमालिकाम्, आलीयमानवालखिल्यरुद्धरोधसम्, अरुन्धतीधौततारवत्वचम्, त्वङ्गत्तुङ्गतरङ्गतरत्तरलतरतारतारकाम्,

१ 'अनुचरण०' ब. २ 'दातारम्' अ–क. ३ 'श्वःश्रेयसस्य चरणरजः०' अ–क. ४ 'चामीलित' ब. ५ 'स्खलत्खलीन' अ–क. ६ 'मुखक्षरक्षतजेनेव' ब. ७ 'पितामहवाहनहंस०' ब. ८ 'तङ्गत्तुङ्गतरङ्गतरलिततारकाम्' ब.

तापसविकीर्ण[1]विरलतिलोदकपुलकितपुलिनाम्, आप्लवनपूतपितामहपातितपितृपिण्डपाण्डुरितपाराम्, पर्यन्तसुप्तसप्तर्षिकुशशयनसूचितसूर्यग्रहसूतकोपवासाम्, आचमनशुचिशचीपतिमुच्यमानार्चनकुसुमनिकरशाराम्, शिवपुरापतितनिर्माल्यमन्दारदामकाम्, अनादरदारितमन्दरदरीदृषदम्, अनेकनाकनायकनिकायकामिनीकुचकलशविलुलितविग्रहाम्, ग्राह[2]ग्रावग्रामस्खलनमुखरितस्रोतसम्, सुषुम्णास्रुतशशिसुधाशीकरस्तबकतारकिततीराम्, धिषणाग्निकार्यधूमधूसरितसैकताम्, सिद्धविरचितवालुकालिङ्गलङ्घनत्रासविद्रुतविद्याधराम्, निर्मोकमुक्तिमिव गगनोरगस्य, लीलाललाटिकामिव त्रिविष्टपविटस्य, विक्रयवीथीमिव पुण्यपण्यस्य, दन्तार्गला[3]मिव नरकनगरद्वारस्य, अंशुकोष्णीषपट्टिकामिव सुमेरुनृपस्य, दुकूलकदलिकामिव कैलासकुञ्जरस्य, पद्धतिमिवापवर्गस्य, नेमिमिव कृतयुगचक्रस्य, सप्तसागरराजमहिषीं मन्दाकिनीमनुसरन्ती मर्त्यलोकमवततार। अपश्यच्चाम्बरतलस्थितैव हारमिव वरुणस्य, अमृतनिर्झरमिव चन्द्राचलस्य, शशिमणिनिष्यन्दमिव विन्ध्यस्य, कर्पूरद्रुमद्रवप्रवाहमिव दण्डकारण्यस्य, लावण्यरसप्रस्रवणमिव दिशाम्, स्फाटिकशिलापट्टशयनमिवाम्बरश्रियाः, स्वच्छशिशिरसुरसवारिपूर्णं भगवतः पितामहस्यापत्यं हिरण्यबाहु[4]नामानं महानदम्, यं जनाः शोण इति कथयन्ति। दृष्ट्वा च तं रामणीयकहृतहृदया तस्यैव तीरे वासमरोचयत्[5]। उवाच च सावित्रीम्—'सखि, मधुरमयूरविरुतयः कुसुमपांशुपटलसिकतिलतरुतलाः परिमलमत्तमधुपवेणीवीणारणितरमणीया रमयन्ति मां मन्दीकृतमन्दाकिनीद्युतेरस्य महानदस्योपकण्ठभूमयः। पक्षपाति च हृदयमत्रैव स्थातुं मे' इति। अभिनन्दितवचना च तथेति तया तस्य पश्चिमे तीरे समवातरत्। एकस्मिंश्च शुचौ शिलातलसनाथे तटलतामण्डपे गृहबुद्धिं बबन्ध। विश्रान्ता च नातिचिरादुत्थाय सावित्र्या सार्धमुच्चितार्चनकुसुमा सस्नौ। पुलिनपृष्ठप्रतिष्ठापित[6]सैकतशिवलिङ्गा च भक्त्या परमया पञ्चब्रह्मपुरःसरां सम्यङ्मुद्राबन्धविहितपरिकरां ध्रुवागीतिगर्भामवनिपवनवनगगनदहनतपनतुहिनकिरणयजमानमयीर्मूर्तीरष्टावपि ध्यायन्ती सुचिरमष्टपुष्पिकामदात्। अयत्नोपनतेन फलमूलेनामृतरसमप्यतिशिशयिषमाणेन च स्वादिम्ना शिशिरेण शोणवारिणा शरीरस्थितिमकरोत्। अतिवाहितदिवसा च तस्मिंल्लतामण्डपशिलातले कल्पितपल्लवशयना सुष्वाप। अन्येद्युरप्यनेनैव क्रमेण नक्तन्दिनमत्यवाहयत्।

एवमतिक्रामत्सु दिवसेषु गच्छति च काले कदाचिद्यामममात्रोद्गते च रवावुत्तरस्यां ककुभि प्रतिशब्दपूरितवनगह्वरं गम्भीरतारतरं तुरङ्गहेषितह्रादमश्र-

---

१ '०वितीर्णतरल०' अ–क. २ 'ग्रहग्रावस्खलन' ब. ३ 'दत्तार्गला०' अ–क. ४ 'हिरण्यवाह' अ–क. ५ 'अरचयत्' अ–क. ६ 'प्रतिष्ठित' अ–क.

तनिमानमानीयन्त सोडुपाः शर्वर्यः । अभिनवपटुपाटलामोदसुरभिपरिमलं न केवलं जलम्, जनस्य पवनमपि पातुमभूदभिलाषो दिवसकरसन्तापात् ।

क्रमेण च खरखगमयूखे,[1] खण्डितशैशवे, शुष्यत्सरसि, सीदत्स्रोतसि, मन्दनिर्झरे, झिल्लिकाझाङ्कारिणि, कातरकपोतकूजितानुबन्धबधिरितविश्वे, विश्व[2]सत्पतत्त्रिणि, करीषङ्कषमरुति, विरलवीरुधि, रुधिरकुतूहलिकेसरिकिशोरकलिह्यमानकठोरधातकीस्तबके, ताम्यत्स्तम्बेरमयूथवमथुतिम्यन्महामहीधरनितम्बे, दि[3]नकरदूयमानद्विरददी[4]नवदनाश्यानदानश्यामिकालीनमूकमधुलिहि, लोहितायमानमन्दारसिन्दूरितसीम्नि, सलिलस्यन्दसन्दोह[5]सन्देहमुह्यन्महामहिषविषाणकोटिविलिख्यमानस्फुटत्स्फाटिकदृषदि, घर्ममर्मरितगर्मुति, तप्तपांशु[6]कुकूलविकरणकातरविकिरे, विवरशरणश्वाविधे, तटार्जुनकुररकूजाज्व[7]रविवर्तमानोत्तानशफरशारपङ्कशेषपल्वलाम्भसि, दावजनितजगन्नीराजने, रजनीराजयक्ष्मणि, कठोरीभवति निदाघकाले, प्रतिदिशमाटीकमाना इवोषरेषु प्रपावाट[8]कुटीपटलप्रकटलुण्ठकाः, प्रपक्वकपिकच्छूगुच्छच्छटाच्छोटनचापलैरकाण्डकण्डूला इव कर्षन्तः शर्करिलाः कर्करस्थलीः, स्थूलदृषच्चूर्णमुचः, मुचुकुन्दकन्दलदलनदन्तुराः, समन्त[9]तः पतन्मुखरचीरीगणमुखशीकरशीक्यमानतनवः, तरुणतरतरणितापतरले तरन्त इव तरङ्गिणि मृगतृष्णिकातरङ्गिणीनामलीकवारिणि, शुष्यच्छमीमर्मरमारवमार्गलङ्घनलाघवजवजङ्घालाः, रैणवावर्तमण्डलीरेचकरासरसरभसारब्धनर्तनारम्भारभटीनटाः, दावदग्धस्थलीमषीमलनमलिनाः, शिक्षितक्षपणकवृत्तय इव वनमयूरपिच्छचयानुच्चिन्वन्तः, सप्रयाणगुञ्जा इव शिञ्जानजरत्करञ्जमञ्जरीबीजजालकैः, सप्ररोहा इवातपातुरवनमहिषनासानिकुञ्जस्थूलनिःश्वासैः, सापत्या इवोड्डीयमानजवनवातहरिणपरिपाटीपेटकैः, सभ्रुकुटय इव दह्यमानखलधानबुसकूटकुटिलधूमकोटिभिः, सावीचिवीचय इव महोष्ममुक्तिभिः, लोमशा इव शीर्यमाणशाल्मलिफलतूलतन्तुभिः, दद्रु[10]णा इव शुष्कपत्रप्रकराकृष्टिभिः, सिराला इव तृणवेणीवि[11]किरणैः, उच्छ्मश्रव इव धूयमाननवयवशूकशकलशङ्कुभिः, दंष्ट्राला इव चलितशललसूचीशतैः, जिह्वाला इव वैश्वानरशिखाभिः, उत्सर्पत्सर्प[12]कञ्चुकचूडालाः, ब्रह्मस्तम्भरसाभ्यवहरणाय कवलग्रहमिवोष्णैः कमलमधुभिरभ्यस्यन्तः, सकलसलिलोच्छोषणघर्मघोषणापट[13]हैरिव शुष्कवेणुवनास्फोटनपटुरवैस्त्रिभुवनभीषिकामुद्भावयन्तः, च्युतचलचाषपक्षश्रेणीशारितसृतयः, त्विषिमन्मयूखलतालातप्लोषकल्माषवपुष इव स्फुटितगुञ्जाफलस्फुलिङ्गाङ्गाराङ्कि-

---

१ '०मयूखखण्डित०' ब. २ 'श्वसत्पत०' ब. ३ 'दिनकर'—इत्येतन्नास्ति अ-क—पुस्तकयोः. ४ 'दीनदानाश्यानश्यामिका०' अ-क. ५ 'सन्दोहमुह्य०' ब. ६ '०कुकूलकातर०' अ-क. ७ 'कूटाज्वर०' क; 'कूटज्वरनिवर्त०' अ. ८ 'प्रपाकट०' ब. ९ 'सन्ततपनतापमुखर०' ब. १० 'दद्रुला' क. ११ '०विकिरणैः' अ-क. १२ '०कञ्चुकैश्चूडाला इव' ब. १३ 'घोषणाघोरपटलैरिव' ब.

ताङ्गाः, गिरिगुहागम्भीरझाङ्कारभीषणभ्रान्तयः, भुवनभस्मीकरणाभिचारचरुपचनचतुरा रुधिराहुतिभिरिव पारिभद्रद्रुमस्तबकवृष्टिभिस्तर्पयन्तस्तारवान्वनविभावसून्, अशिशिरसिकतातारकितरंहसः, तप्तशैलविलीयमानशिलाजतुरसलवलिप्तदिशः, दावदहनपच्यमानचटकाण्डखण्डखचिततरुकोटरकीटपटलपुटपाकगन्धकटवः, प्रावर्तन्तोन्मत्ता मातरिश्वानः।

सर्वतश्च भूरिभस्त्रासहस्रसन्धुक्षणक्षुभिता इव जरठाजगरगम्भीरगलगुहावाहिवायुभिः[1], क्वचित्स्वच्छन्दतृणचारिणो हरिणाः, क्वचित्तरुतलविवरविवर्तिनो बभ्रवः, क्वचिज्जटावलम्बिनः[2] कपिलाः, क्वचिच्छकुनिकुलकुलायपातिनः श्येनाः, क्वचिद्विलीनलाक्षारसलोहितच्छवयोऽधराः, क्वचिदासादितशकुनिपक्षकृतपटुगतयो विशिखाः, क्वचिद्दग्धनिःशेषजन्महेतवो निर्वाणाः, क्वचित्कुसुमवासिताम्बरसुरभयो रागिणः. क्वचित्सधूमोद्गारा मन्दरुचयः, क्वचित्सकलजगद्ग्रासघस्मराः सभस्मकाः, क्वचिद्वेणुशिखरलग्नमूर्तयोऽत्यन्तवृद्धाः[3], क्वचिदश्मलोपयुक्तशिलाजतवः क्षयिणः, क्वचित्सर्वरसभुजः पीवानः, क्वचिद्दग्धगुग्गुलवो रौद्राः, क्वचिज्ज्वलितनेत्रदहनदग्धसकुसुमशरमदनाः कृतस्थाणुस्थितयः, चटुलशिखानर्तनारम्भारभटीनटाः, शुष्ककासारसृतिभिः[4] स्फुटत्क्षीरसनीवारबीजलाजवर्षिभिर्ज्वालाञ्जलिभिरचर्यन्त इव घर्मघृणिम्, अघृणा इव हठहूयमानकठोरस्थलकमठवसाविस्रगन्धगृध्नवः, स्वमपि धूममम्भोदसमुद्भूतिभियेव भक्षयन्तः, सतिलाहुतय इव स्फुटद्बहलबालकीटपटलाः कक्षेपु[5], श्विलिण इव प्लोषविचटद्वल्कलधवल[6]शम्बूकशुक्तयः शुष्केषु सरःसु, स्वेदिन इव विलीयमानमधुपटलगोलगलितमधूच्छिष्टवृष्टयः काननेषु, खलतय इव परिशीर्यमाण[7]शिखासंहतयो महोषरेषु, गृहीतशिलाकवला इव ज्वलितसूर्यमणिशकलेषु शिलोच्चयेषु, प्रत्यदृश्यन्त दारुणा दावाग्नयः।

तथाभूते च तस्मिन्नत्युग्रे ग्रीष्मसमये कदाचिदस्य स्वगृहावस्थितस्य भुक्तवतोऽपराह्णसमये भ्राता पारशवश्चन्द्रसेननामा प्रविश्याकथयत्—'एष खलु देवस्य चतुःसमुद्राधिपतेः सकलराजचक्रचूडामणिश्रेणीशाणकोणकषणनिर्मलीकृतचरणनखमणेः सर्वचक्रवर्तिनां धौरेयस्य महाराजाधिराजपरमेश्वरश्रीहर्षदेवस्य भ्राता कृष्णनाम्ना भवतामन्तिकं प्रज्ञाततमो दीर्घाध्वगः प्रहितो द्वारमध्यास्ते' इति। सोऽब्रवीत्—'आयुष्मन्, अविलम्बितं प्रवेशयैनम्' इति।

अथ तेनानीयमानम्, अतिदूरागमनगुरुजडजङ्घम्, कार्दमिकचेलचीरिकानियमितोच्चण्डचण्डातकम्, पृष्ठप्रेङ्खत्पटच्चरकर्पटघटितर्गलितग्रन्थिम्[8], अतिनिबिडसूत्रबन्धनिम्नित[9]तान्तरालकृतव्यवच्छेदया लेखमालिकया परिकलि-

१ '०वायवः' अ–क. २ 'जटावल्कलावलम्बिनः' ब. ३ 'क्वचिदवलम्बितनेत्रयष्टयोऽत्यन्त०' ब. ४ 'सृतिपु' ब. ५ 'कक्ष्येपु' अ–क. ६ 'शबल' ब. ७ 'पर्यन्तशीर्यमाण०' ब. ८ 'गलग्रन्थिम्' ब. ९ 'निर्मित' ब.

रुणासु तरङ्गिणीतटीषु, वासविटपोपविष्टवाचाटचटकचक्रवालेष्वालवालावर्जितसेकजलकुटेषु निष्कुटेषु[1], दिवसविहृतिप्रत्यागतं प्रस्नुतस्तनं स्तनन्धये धयति धेनुवर्गमुद्गतक्षीरं क्षुधिततर्णकव्राते, क्रमेण चाधराधरधातुधुनीपूरप्लावित इव लोहितायमानमहसि मज्जति संध्यासिन्धुयानपात्रे[2] पातङ्गे मण्डले, कमण्डलुजलशुचिशयचरणेषु चैत्यप्रणतिपरेषु पाराशरिषु, यज्ञपात्रपवित्रपाणौ प्रकीर्णबर्हिष्युत्तेजसि जातवेदसि हवींषि वषट्कुर्वति यायजूकजने, निद्राविद्राणद्रोणकुलकलिलकुलायेषु कापेयविकलकपिकुलेष्वारामतरुषु, निर्जिगमिषति जरत्तरुकोटरकुटीकुटुम्बिनि कौशिककुले,मुनिकरसहस्रप्रकीर्णसंध्यावन्दनोदबिन्दुनिकर इव दन्तुरयति तारापथस्थलीं स्थवीयसि तारकानिकुरम्बे, अम्बराश्रयिणि शर्वरीशबरीशिखण्डे, खण्डपरशुकण्ठकाले कवलयति बाले ज्योतिःशेषं सांध्यमन्धकारावतारे, तिमिरतर्जननिर्गतासु दहनप्रविष्टदिनकरकरशाखास्विव स्फुरन्तीषु दीपलेखासु, अररसम्पुटसंक्रीडनकथितावृत्तिष्विव गोपुरेषु, शयनोपजोषजुषि जरतीकथितकथे शिशयिषमाणे शिशुजने, जरन्महिषमषीमलीमसतमसि जनितपुण्यजनप्रजागरे विजृम्भमाणे भीषणतमे तमीमुखे, मुखरितविततज्यधनुषि वर्षति शरनिकरमनवरतमशेषसंसारशेमुषीमुषि मकरध्वजे, रताकल्पारम्भशोभिनि शम्भली[3]भाषितभाजि भजति भूषां भुजिष्याजने, सैरन्ध्रीबध्यमानरशनाजालजलपाकजघनासु जनीषु, वशिकविशिखाविहारिणीष्वनन्यजानुप्लवासु प्रचलितास्वभिसारिकासु, विरलीभवति वरटानां वेशन्तशायिनीनां मञ्जुनि मञ्जीरशिञ्जितजडे जल्पिते, निद्राविद्राणद्राघीयसि द्रावयतीव च विरहिहृदयानि सारसरसिते, भाविवासरबीजाङ्कुरनिकर इव च विकीर्यमाणे जगति प्रदीपप्रकरे निवासस्थानमगात् । अकरोच्च चेतसि—'अतिदक्षिणः खलु देवो हर्षो यदेवमनेकबालचरितचापलोचितं[4]कौलीनकोपितोऽपि मनसा स्निह्यत्येव मयि । यद्यहमक्षिगतः स्याम्, न मे दर्शनेन प्रसादं कुर्यात् । इच्छति तु मां गुणवन्तम् । उपदिशन्ति हि विनयमनुरूपप्रतिपत्त्युपपादनेन वाचा विनापि भर्तव्यानां स्वामिनः । अपि च धिङ्मां स्वदोषान्धमानसमनादरपीडितमेवमतिगुणवति राजन्यन्यथा चान्यथा च चिन्तयन्तम् । सर्वथा करोमि तथा, यथा यथावस्थितं जानाति मामयं कालेन' इत्येवमवधार्य चापरेद्युर्निष्क्रम्य कटकात्सुहृदां बान्धवानां च भवनेषु तावदतिष्ठत्, यावदस्य स्वयमेव गृहीतस्वभावः पृथिवीपतिः प्रसादवानभूत् । अविशच्च पुनरपि नरपतिभवनम् । स्वल्पैरेव चाहोभिः परमप्रीतेन प्रसादजन्मनो मानस्य प्रेम्णो विस्रम्भस्य द्रविणस्य नर्मणः प्रभावस्य च परां कोटिमानीयत नरेन्द्रेणेति ।

इति श्रीबाणभट्टकृते[5] हर्षचरिते राजदर्शनं नाम द्वितीय उच्छ्वासः ।

---

१ '०जलकूटेषु निष्कूटेषु' ब. २ 'पानपात्रे' अ–क. ३ 'शम्भलीसुभाषित०' ब. ४ 'चापलोपचित०' ब. ५ 'इति श्रीमहाकविचक्रचूडामणिश्रीबाणभट्टविरचिते हर्षचरिते महाकाव्ये राजदर्शनं नाम द्वितीय उच्छ्वासः सम्पूर्णः' ब.

तृतीय उच्छ्वासः ।

निजवर्षाहितस्नेहा बहुभक्तजनान्विताः ।
सुकाला इव जायन्ते प्रजापुण्येन[1] भूभुजः ॥ १ ॥

साधूनामुपकर्तुं लक्ष्मीं द्रष्टुं विहायसा गन्तुम् ।
न कुतूहलि कस्य मनश्चरितं च महात्मनां श्रोतुम् ॥ २ ॥

अथ कदाचिद्विरलितबलाहके, चातकातङ्ककारिणि, क्वणत्कादम्बे, दर्दुरद्विषि, मयूरमदमुषि, हंसपथिकसार्थसर्वातिथौ, धौतासिनिभनभसि, भास्वरभास्वति, शुचिशशिनि, तरुणतारागणे, गलत्सुनासीरशरासने, सीदत्सौदामनीदाम्नि, दामोदरनिद्राद्रुहि, द्रुतवैदूर्यवर्णार्णसि, घूर्णमानमिहिकालघुमेघमोघमघवति, निमीलन्नीपे, निष्कुसुमकुटजे, निर्मुकुलकन्दले, कोमलकमले, मधुस्यन्दीन्दीवरे, कह्लाराह्लादिनि, शेफालिकाशीतलीकृतनिशि, यूथिकामोदिनि, मोदमानकुमुदावदातदशदिशि, सप्तच्छदधूलिधूसरसमीरे, स्तबकितबन्धुरबन्धूकाबध्यमानाकाण्डसंध्ये, नीराजितवाजिनि, उद्दामदन्तिनि, दर्पक्षीबौक्षके, क्षीयमाणपङ्कचक्रवाले, बालपुलिनपल्लवितसिन्धुरोधसि, परिणामश्यानश्यामाके, जनितप्रियङ्गुमञ्जरीरजसि, कठोरत्रपुसत्वचि, कुसुमस्मेरशरे, शरत्समयारम्भे राज्ञः ससीपाद्बाणो बन्धून्द्रष्टुं पुनरपि तं ब्राह्मणाधिवासमगात् ।

समुपलब्धभूपालसंमानातिशयपरितुष्टास्तस्य ज्ञातयः श्लाघमाना निर्ययुः । क्रमेण च कांश्चिदभिवादयमानः, कैश्चिदभिवाद्यमानः, कैश्चिच्छिरसि चुम्ब्यमानः, कांश्चिन्मूर्ध्नि समाजिघ्रन्, कैश्चिदालिङ्ग्यमानः, कांश्चिदालिङ्गन्, अन्यैराशिषानुगृह्यमाणः, पराननुगृह्णन्, बहुबन्धुमध्यवर्ती परं मुमुदे । संभ्रान्तपरिजनोपनीतं चासनमासीनेषु गुरुषु भेजे । भजमानश्चार्चादिसत्कारं नितरां ननन्द । प्रीयमाणेन च मनसा सर्वांस्तान्पर्यपृच्छत्—'कच्चिदेतावतो दिवसान्सुखिनो यूयम् । अप्रत्यूहा वा सम्यक्करणपरितोषितद्विजचक्रा क्रातवी क्रियते क्रिया । यथावदविकलमन्त्रभाञ्जि भुञ्जते वा हवींषि हुतभुजः । यथाकालमधीयते वा बटवः । प्रतिदिनमविच्छिन्नो वा वेदाभ्यासः । कच्चित्स एव चिरन्तनो यज्ञविद्याकर्मण्यभियोगः, तान्येव व्याकरणे परस्परस्पर्धानुबन्धावन्ध्यदिवसदर्शितादराणि व्याख्यानमण्डलानि, सैव वा पुरातनी परित्यक्तान्यकर्तव्या प्रमाणगोष्ठी, स एव वा मन्दीकृतेतरशास्त्ररसो मीमांसायामतिरसः । कच्चित्त एव वाभिनवसुभाषितसुधावर्षिणः काव्यालापाः' इति ।

---

१ 'प्रजाः पुण्येन' ब.

विलासविक्षिप्तेन धवलव्यायामफालीपटान्तेन धरणितलगेन धार्यमाण इव पृष्ठतः शेषेण, स्थिरस्थूलोरुदण्डः, भूमिभङ्गभयेनेव मन्थराणि स्थापयन्पदानि, निर्भरगर्वगुरु कथमपि शैलमिव गात्रमुद्वहन्दर्पेण, मुहुर्मुहुरुरसि द्विगुणिते दोष्णि वामे तिर्यगुत्क्षिप्ते च दक्षिणे जङ्घाकाण्डे कुण्डलिते चण्डस्फोटनटाङ्कारैः कर्मविघ्ननिर्घातानिव पातयन्नेकेन्द्रियविकलमिव जीवलोकं कुर्वन्कुवलयश्यामलः पुरुष उज्जगाम। जगाद च विहस्य नरसिंहनादनिर्घोषघोरया भारत्या—'भो विद्याधरीश्रद्धाकामुक किमयं विद्यालवावलेपः सहायमदो वा यदस्मै जनायाविधाय बलिं बालिश इव सिद्धिमभिलषसि। का ते दुर्बुद्धिरियम्। एतावता कालेन क्षेत्राधिपतिरस्य मन्त्रान्निव लब्धव्यपदेशस्य देशस्य नागतस्ते श्रोत्रोपकण्ठं श्रीकण्ठनामा नागोऽहम्। अनिच्छति मयि का शक्तिर्ग्रहगणस्यापि गन्तुं गगने। भूनाथोऽप्ययमनाथस्तपस्वी यस्त्वादृशैः शैवापसदैरुपकरणीक्रियते। सहस्वेदानीं सहामुना दुर्नरेन्द्रेण दुर्नरेन्द्रदुर्नयस्य फलम्' इत्यभिधाय च निष्ठुरैः प्रकोष्ठप्रहारैस्त्रीनपि टीटिभप्रभृतीनभिमुखं प्रधावितान्सशरीरावरणकृपाणानपातयत्।

अथापूर्वाधिक्षेपश्रवणादशस्त्रव्रणैरप्यमर्षस्वेदच्छलेनानेकसमरपीतमसितमसिधाराजलमिव वमद्भिरवयवैरपि रोमाञ्चनिभेन मुक्तशरशतशल्यनिकरभरलघुमिवात्मानं रणाय कुर्वद्भिरट्टहासेनापि प्रतिबिम्बिततारागणेन स्पष्टदृष्टधवलदन्तमालमवज्ञया हसतेव कथ्यमानसत्त्वावष्टम्भः परिकरबन्धविभ्रमभ्रमितकरनखकिरणचक्रवालेन व्यपगमनाशङ्कया नागदमनमन्त्रमण्डलबन्धेनेव रुन्धन्दश दिशो नरनाथः सावज्ञमवादीत्—'अरे काकोदर काक, मयि स्थिते राजहंसे न जिह्रेषि बलिं याचितुम्। अमीभिः किं वा परुषभाषितैः। भुजे वीर्यं निवसति सताम्[1], न वाचि। प्रतिपद्यस्व शस्त्रम्। अयं न भवसि। अगृहीतहेतिष्वशिक्षितो मे भुजः प्रहर्तुम्' इति। नागस्तु—'अनादृततरमेहि। किं शस्त्रेण। भुजाभ्यामेव भनज्मि भवतो दर्पम्' इत्यभिधायास्फोटयामास। नरपतिरपि निरायुधमायुधेन युधि लज्जमानो जेतुमुत्सृज्य सचर्मफलकमट्टहासमसिमर्धोरुकस्योपरि बबन्ध बाहुयुद्धाय कक्ष्याम्। युयुधाते च निर्दयास्फोटनस्फुटितभुजरुधिरशीकरसिच्यमानौ शिलास्तम्भैरिव पतद्भिर्बाहुदण्डैः शब्दमयमिव कुर्वाणौ भुवनं तौ। नचिराच्च पातयामास भूतले भुजङ्गं भूपतिः। जग्राह च केशेषु। उच्चखान च शिरश्छेत्तुमट्टहासम्। अपश्यच्च वैकक्षकमालान्तरेणास्य यज्ञोपवीतम्। उपसंहृतशस्त्रव्यापारश्चावादीत्—'दुर्विनीत, अस्ति ते दुर्नयनिर्वाहबीजमिदम्। यतो विश्रब्धमेवाचरसि चापलानि' इत्युक्त्वोत्ससर्ज तम्। अनन्तरं च सहसैवातिबहलां ज्योत्स्नां

---

१ 'दुर्नरेन्द्रेण दुर्नयस्य' अ–क. २ एतन्नास्ति अ–क–पुस्तकयोः.

ददर्श शरदि विकसतां कमलवनानामिव च घ्राणावलेपिनमामोदमजिघ्रत्। झटिति च नूपुरशब्दमशृणोत्। व्यापारयामास च शब्दानुसारेण दृष्टिम्।

अथ करतलस्थितस्या[1]ट्टहासस्य मध्ये तडितमिव नीलजलधरोदरे स्फुरन्तीम्, प्रभया पिबन्तीमिव त्रियामाम्, तामरसहस्ताम्, कोमलाङ्गुलिरागराजिजालकानि च चरणलग्नानि वेलाबालविद्रुमलतावनानीवाकर्षन्तीम्, करपङ्कजसङ्कोचाशङ्कया शशाङ्कमण्डलमिव खण्डशः कृतं निर्मलचरणनखनिवहनिभेन बिभ्रतीम्, गुल्फावलम्बिनूपुरपुटतया स्थितनिबिडकटकावलिबन्धनादिव परिभ्रश्यागताम्, बहुविधकुसुमशकुनिशतशोभितात्पवनचलिततनुतरङ्गादतिस्वच्छादंशुकादुदधिसलिलादिवोत्तरन्तीम्, उदधिजन्मप्रेम्णा त्रिवलिच्छलेन त्रिपथगयेव परिष्वक्तमध्याम्, अत्युन्नतस्तनमण्डलाम्, दृश्यमानदिङ्नागकुम्भामिव ककुभम्, मदे[2]लग्नैरावतकरशीकरनिकरमिव शरत्तारागणतारं हारमुरसा दधानाम्, धवलचामरैरिव च मन्दमन्दनिःश्वासदोलायितैर्हारकिरणैरुपवीज्यमानाम्, स्वभावलोहितेन मदान्धगन्धेभकुम्भास्फालनसंक्रान्तसिन्दूरेणेव करद्वयेन द्योतमानाम्, हरशिखण्डेन्दुद्वितीयखण्डेनेव कुण्डलीकृतेन ज्योत्स्नामुचा दन्तपत्रेण विभ्राजमानाम्, कौस्तुभगभस्तिस्तबकेनेव च श्रवणलग्नेनाशोककिसलयेनालङ्कृताम्, महता मातङ्गमदमयेन तिलकेनादृश्यच्छत्रच्छायामण्डलेनेवाविरहितललाटाम्, आपादतलादासीमन्ताच्च चन्द्रातपधवलेन चन्दनेनादिराजयशसेव धवलीकृताम्, धरणितलचुम्बिनीभिः कण्ठकुसुममालाभिः सरिद्भिरिव सागराधिष्ठाभिर[3]धिष्ठिताम्, मृणालकोमलैरवयवैः कमलसम्भवत्वमनक्षरमाचक्षाणां स्त्रियमपश्यत्। असंभ्रान्तश्च पप्रच्छ—'भद्रे, कासि क[4]स्यासि। किमर्थं वा दर्शनपथमागतासि' इति। सा तु स्त्रीजनविरुद्धेनावष्टम्भेनाभिभवन्तीवाभाषत तम्—'वीर, विद्धि मां नारायणोरःस्थलीलीलाविहारहरिणीम्, पृथुभरतभगीरथादिर[5]ाजवंशपताकाम्, सुभटभुजजयस्तम्भविलासशालभञ्जिकाम्, रणरुधिरतरङ्गिणीतरङ्गक्रीडादोहददुर्ललितराजहंसीम्, सितनृपच्छत्रषण्डशिखण्डिनीम्, अतिनिशितशस्त्रधारावनभ्रमणविभ्रमसिंहीम्, असिधाराजलकमलिनीं श्रियम्। अपहृतास्मि तवामुना शौर्यरसेन। याचस्व। ददामि ते वरमभिलषितम्' इति।

वीराणां त्वपुनरुक्ताः परोपकाराः। यतो राजा तां प्रणम्य स्वार्थविमुखो भैरवाचार्यस्य सिद्धिं ययाचे। लक्ष्मीस्तु देवी प्रीततरहृदया विस्तीर्यमाणेन चक्षुषा क्षीरोदेनेवोपरि पर्यस्तेनाभिषिञ्चन्ती भूपालम् 'एवमस्तु' इत्यब्रवीत्। अवादीच्च पुनः—'अनेन सत्त्वोत्कर्षेण भगवच्छिवभट्टारकभक्त्या चासाधार-

---

१ '०स्थितस्यैवाट्ट' ब. २ 'मध्यलग्नैरा०' ब. ३ 'सागरादृष्टाभिः' ब.
४ एतन्नास्ति अ–क–पुस्तकयोः. ५ '०राजपृथुवंश०' ब.

त्रभङ्गपुत्रिकाप्रतिबिम्बगर्भकपोलं मुखं चन्द्रमसमिव हृदयस्थितरोहिणीकमुद्वहन्तम्, अचपलस्तिमिततारकेणाधोमुखेन चक्षुषा शिक्षयन्तमिव लक्ष्मीलाभोत्तानितमुखानि पङ्कजवनानि विनयम्, स्वाम्यनुरागमिव म्लातकमुत्तंसीकृतं शिरसा धारयन्तम्, निर्दयया कङ्कणभङ्गभीतसकलकार्मुकार्पितामिव नम्रतां प्रकाशयन्तम्, शैशव एव निर्जितैरिन्द्रियैररिभिरिव संयतैः शोभमानम्, प्रणयिनीमिव विश्वासभूमिं कुलपुत्रतामनुवर्तमानम्, तेजस्विनमपि शीलेनाह्लादकेन सवितारमिव शशिनान्तर्गतेन विराजमानम्, अचलानामपि कायकार्कश्येन गन्धनमिवाचरन्तम्, दर्शनक्रीतमानन्दहस्ते विक्रीणानमिव जनं सौभाग्येन कुमारगुप्तम्, पृष्ठतमस्य कनीयांसमतिप्रांशुतया गौरतया च मनःशिलाशैलमिव सञ्चरन्तम्, अम्लानमालतीकुसुमशेखरनिभेन निर्जिगमिषता गुरुणा शिरसि चुम्बितमिव यशसा, परस्परविरुद्धयोर्विनययौवनयोश्चिरात्प्रथमसङ्गमचिह्नमिव भ्रूसङ्गतकेन कथयन्तम्, अतिधीरतया हृदयनिहितां स्वामिभक्तिमिव निश्चलां दृष्टिं धारयन्तम्, अच्छाच्छचन्दनरसानुलेपशीतलं सन्निहितहारोपधानं वक्षःस्थलमनन्तसामन्तसंक्रान्तिश्रान्तायाः श्रियो विशालं शशिमणिशिलापट्टशयनमिव बिभ्राणम्, चक्षुः कुरङ्गकैर्घोणावंशं वराहैः स्कन्धपीठं महिषैः प्रकोष्ठबन्धं व्याघ्रैः पराक्रमं केसरिभिर्गमनं मतङ्गजैर्मृगयाक्षपितशेषैर्भीतैरुत्कोचमिव दत्तं दर्शयन्तं माधवगुप्तं ददृशतुः ।

प्रविश्य च तौ दूरादेव चतुर्भिरङ्गैरुत्तमाङ्गेन च गां स्पृशन्तौ नमश्चक्रतुः । स्निग्धनरेन्द्रदृष्टिनिर्दिष्टामुचितां भूमिं भेजाते । मुहूर्तं च स्थित्वा भूपतिरादिदेश तौ—'अद्यप्रभृति भवद्भ्यां कुमारावनुवर्तनीयौ । [1]अहर्निशमस्तापरव्यापाराभ्यां प्रतिबिम्बकाभ्यामिवाङ्गभूताभ्यामनयोः कुमारयोश्चरतोस्तिष्ठतोः स्वपतोर्जाग्रतोश्चान्तिकं क्षणमपि न मोक्तव्यम् । एवं वामचिरात्सकलाः सङ्कल्पाः कल्पतरव इवाभिमतफलसम्पदुत्कर्षविशेषप्रदा भविष्यन्ति' इत्याकर्ण्य 'यथाज्ञापयति देवः' इति मेदिनीदोलायमानमौलिभ्यां युगपदभिहिते ताभ्यामुत्थाय राज्यवर्धनहर्षौ पितरं प्रणेमतुः । आदाय च तौ निर्जग्मतुः । ततश्चारभ्य क्षणमपि निमेषोन्मेषाविव चक्षुर्गोचरादनपयान्तावुच्छ्वासनिःश्वासाविव नक्तन्दिवमभिमुखं स्थितौ भुजाविव सततं पार्श्ववर्तिनौ कुमारयोस्तौ बभूवतुः ।

अथ राज्यश्रीरपि नृत्यगीतादिषु विदग्धासु सखीषु सकलासु कलासु च प्रतिदिवसमुपचीयमानपरिचया शनैः शनैरवर्धत परिमितैरेव च दिवसैर्यौवनमारुरोह । निपेतुरेकस्यां तस्यां शरा इव लक्ष्यभुवि भूभुजां सर्वेषां दृष्टयः । दूतप्रेषणादिभिश्च तां ययाचिरे राजानः । कदाचित्तु राजान्तःपुरप्रासादस्थितो बाह्यकक्ष्यावस्थितेन पुरुषेण स्वप्रस्तावागतां गीयमानामार्यामश्रृणोत—

---

१ 'अहर्निश...भविष्यन्ति' इति नास्ति अ-पुस्तके. २ 'मौलिभ्यामुत्थाय राज्यवर्धनहर्षौ प्रणेमतुः । तौ च पितरम्' अ.

'उद्वेगमहावर्ते पातयति पयोधरोन्नमनकाले[1]।
सरिदिव तटमनुवर्षं विवर्धमाना सुता पितरम् ॥ ५ ॥'

तां च श्रुत्वा पार्श्वस्थितां महादेवीमुत्सारितपरिजनो जगाद—

'देवि, तरुणीभूता वत्सा राज्यश्रीः। एतदीया गुणवत्तेव[2] क्षणमपि हृदयान्नापयाति मे चिन्ता। यौवनारम्भ एव च कन्यकानामिन्धनीभवन्ति पितरः सन्तापानलस्य। हृदयमन्धकारयति मे दिवसमिव पयोधरोन्नतिरस्याः। केनापि कृता धर्म्या नाभिमता मे स्थितिरियं यदङ्गसम्भूतान्यङ्कलालितान्यपरित्याज्यान्यपत्यकान्यकाण्ड एवागत्यासंस्तुतैर्नीयन्ते। एतानि तानि खल्वङ्कनस्थानानि संसारस्य। सेयं सर्वाभिभाविनी शोकाग्नेर्दाहशक्तिर्यदपत्यत्वे समानेऽपि जातायां दुहितरि दूयन्ते सन्तः। एतदर्थं जन्मकाल एव कन्यकाभ्यः प्रयच्छन्ति सलिलमश्रुभिः साधवः। एतद्भयादकृतदारपरिग्रहाः परिहृतगृहवसतयः शून्यान्यरण्यान्यधिशेरते मुनयः। को हि नाम सहेत[3] सचेतनो विरहमपत्यानाम्। यथा यथा समापतन्ति दूता वराणां वराकी लज्जमानेव चिन्ता तथा तथा नितरां प्रविशति मे हृदयम्। किं क्रियते। तथापि गृहगतैरनुगन्तव्या एव लोकवृत्तयः। प्रायेण च सत्स्वप्यन्येषु वरगुणेष्वभिजनमेवानुरुध्यन्ते धीमन्तः। धरणीधराणां च मूर्ध्नि स्थितो माहेश्वरः पादन्यास इव सकलभुवननमस्कृतो मौखरिवंशः[4]। तत्रापि तिलकभूतस्यावन्तिवर्मणः सूनुरग्रजो ग्रहवर्मा नाम ग्रहपतिरिव गां गतः पितुरन्यूनो गुणैरेनां प्रार्थयते। यदि भवत्या अपि मतिरनुमन्यते ततस्तस्मै दातुमिच्छामि' इत्युक्तवति भर्तरि दुहितृस्नेहकातरतरहृदया साश्रुलोचना महादेवी प्रत्युवाच—'आर्यपुत्र, संवर्धनमात्रोपयोगिन्यो धात्रीनिर्विशेषा भवन्ति खलु मातरः कन्यकानाम्। प्रदाने तु प्रमाणमासां पितरः। केवलं कृपाकृतविशेषः सुदूरेण तनयस्नेहादतिरिच्यते दुहितृस्नेहः। यथा[5] नेयं यावज्जीवमावयोरार्तिता प्रतिपद्यते तथार्यपुत्र एव जानाति' इति।

राजा तु जातनिश्चयो दुहितृदानं प्रति समाहूय सुतावपि विदितार्थावकार्षीत्। शोभने च दिवसे ग्रहवर्मणा कन्यां प्रार्थयितुं प्रेषितस्य पूर्वागतस्यैव प्रधानदूतपुरुषस्य करे सर्वराजकुलसमक्षं दुहितृदानजलमपातयत्। जातमुदि कृतार्थे गते च तस्मिन्नासन्नेषु च विवाहदिवसेषूद्दामदीयमानताम्बूलपटवासकुसुमप्रसाधितसर्वलोकम्, सकलदेशादिश्यमानशिल्पिसार्थागमनम्, अवनिपालपुरुषगृहीतसमग्रग्रामीणानीयमानोपकरणसम्भारम्, राजदौवारिकोपनीयमानानेकनृपोपायनम्, उपनिमन्त्रितागतबन्धुवर्गसंवर्गणव्यग्रराजवल्लभम्, लब्धमधुमदप्रचण्डचर्मकारकरपुटोल्लालितकोणपटुविघट्टनरणन्मङ्गलपटहम्, पिष्टपञ्चाङ्गुलमण्ड्यमानोलूखलमुसलशिलाद्युपकरणम्, अशेषाशा-

१ '०कालः' ब. २ 'गुणवृत्तेव' ब. ३ 'सहते विरह०' अ. ४ 'मौखरो' ब. ५ 'यथा यावज्जीव०' अ.

दिवापि नामुच्यन्त शयनानि । शनैः शनैश्च महापुरुषविनिपातपिशुनाः समं समन्तात्समुदभवन्भुवने भूयांसो भूपतेरभावाय भयमुत्पादयन्तो भूतानां महोत्पाताः ।

तथा हि । दोलायमानसकलकुलाचलचक्रवाला पत्या सार्धं गन्तुकामेव प्रथममचलद्धरित्री । धन्वन्तरेरिवान्तरे तस्मिन्स्मरन्तः परस्परास्फालनवाचालवीचयो विजुघूर्णिरेऽर्णवाः । भूभृदभावभीतानां विततशिखा[1]कलापविकटकुटिलाः केशपाशा इवोर्ध्वीबभूवुर्धूमकेतवः ककुभाम् । धूमकेतुकरालितदिङ्मुखं दिक्पालारब्धायुष्कामहोमधूमधूम्रमिवाभवद्भुवनम् । भ्रष्टभासि तप्तकालायसकुम्भबभ्रुणि भानुमण्डले भयङ्कर[2]कबन्धकायव्याजेन कोऽपि पार्थिवप्राणितार्थी पुरुषोपहारमिवोपजहार । ज्वलितपरिवेशमण्डलाभोगभास्वरो जिघृक्षाजृम्भमाणस्वर्भानुभयादुपरचिताग्निप्राकार इव प्रत्यदृश्यत श्वेतभानुः । अवनिपतिप्रतापप्रसाधिताः प्रथमतरकृतपावकप्रवेशा इवादह्यन्तानुरक्ता दिशः । स्रुतशोणितशीकरासारारुणिततनुरनुमरणाय प्रावृतपाटलांशुकपटेवादृश्यत वसुधावधूः । नराधिपविनाशसंभ्रमभीतैर्लोकपालैरिव कालायसकवाटपुटैरकालकालमेघपटलैररुध्यन्त दिग्द्वाराणि । प्रेतपतिप्रयाणप्रहताः पटवः पटहा इवारटन्तो हृदयस्फोटनाः पर[3]स्फायिरे निर्घातानां घोरा निर्घोषाः । निकटीभवद्यममहिषखुरपुटोद्धूता इव द्युमणिधाम धूसरीचक्रुः क्रमेलककचकपिलाः पांशुवृष्टयः । विर[4]सविराविणीनामुन्मुखीनां शिखिनो ज्वालाः प्रतीच्छन्त्य इव पतन्तीरुल्का नभसो ववाशिरे शिवानां राजयः । राजधामनि धूमायमानकबरीविभागविभावितविकाराः प्रकीर्णकेशपाशप्रकाशितशोका इव प्राकाशन्त प्रतिमाः कुलदेवतानाम् । उपसिंहासनमाकुलं कालरात्रिविदूयमानवृजिनवेणीबन्धविभ्रमं विभ्राणं बभ्राम भ्रामरं पटलम् । अटतामन्तःपुरस्योपरि क्षणमपि न शशाम व्याक्रोशी वायसानाम् । श्वेतातपत्रमण्डलमध्याजीवितमिव राज्यस्य सरसपिशितपिण्डलोहितं चञ्चच्चञ्चुरुच्चैरुच्चखान खण्डं माणिक्यस्य कूजञ्जरद्गृध्रः । महोत्पातदूयमानश्च कथमपि निनाय निशाम् ।

अन्यस्मिन्नहनि समीपमस्य राजकुलाद्द्रुतगतिवशविशीर्यमाणालङ्कारझांकारिणी विजयघोषणेव विषादस्याकुलचरणचलत्तुलाकोटिक्वणितवाचालिताभिरुद्ग्रीवाभिः किं किमिति पृच्छ्यमानेव दूरादेव भवनहंसीभिः, स्खलितविशालश्रोणिशिञ्जानरशनानुराविणीभिश्च बाष्पान्धा समुपदिश्यमानमार्गेव गृहसारसीभिः, अदृष्टकवाटपट्टसङ्घट्टस्फुटितललाटपट्टरुधिरपटलेन पटान्तेनेव[5] रक्तांशुकस्य मुखमाच्छाद्य प्ररुदती, सन्तापबलविलीनकनकवलयरसधारामिव वेत्रलतामुत्सृजन्ती, मुखमरुत्तरङ्गितामुत्तरीयांशुकपटीं स्फुरन्तीं फणिनीव

१ 'विततशिखी०' अ. २ 'भयङ्करं कबन्ध०' ब. ३ 'पस्फायिरे निपततां' ब.
४ 'विसर०' अ. ५ 'पदान्तेनेव' ब.

निर्मोकमञ्जरीमाकर्षन्ती, नम्रांसस्रंसिनानिलविलोलेन नीलतमेन तमालपल्लवचीरचीवरेणेव शोकोचितेन धम्मिल्लरचनारहितेन शिरोरुहसञ्चयेन चञ्चता प्रावृतकुचा, कुचताडनपीडया समुच्छूनाताम्रश्यामतलं मुहुर्मुहुरत्युष्णाश्रुप्रमार्जनप्रदग्धमिव करकिशलयं धुनाना, चक्षुर्निर्झरे शीर्यति स्नपयन्तीव शोकाग्निप्रवेशाय स्वकपोलतलप्रतिबिम्बितमासन्नलोकं, लोललोचनप्रवृत्तैस्तरलैस्तारकांशुभिः श्यामायमानमात्मदुःखेन दिवसमपि दहन्तीव 'क्व कुमारः, क्व कुमारः' इति प्रतिपुरुषं पृच्छन्ती वेलेति नाम्ना यशोमत्याः प्रतीहार्याजगाम । विषण्णलोकलोचनप्रत्युद्गता चोपसृत्य कुट्टिमन्यस्तहस्तयुगला गलन्तीभिः सिञ्चतीव शुष्यन्तं दशनदीधितिधाराभिराधूसरमधरमधोमुखी विज्ञापितवती—'देव, परित्रायस्व परित्रायस्व । जीवत्येव भर्तरि किमप्यध्यवसितं देव्या' इति ।

ततस्तदपरमाकर्ण्य च्युत इव सत्त्वेन, द्रुत इव दुःखेन, आचान्त इव चिन्तया, तुलित इव तापेन, अङ्कीकृत इवातङ्केनाप्रतिपत्तिरासीत् । आसीच्चास्य चेतसि—'प्रतिपन्नसंज्ञस्य बहुशोऽपि हृदये दुःखाभिषङ्गो निपतन्नश्मनीव लोहप्रहारः कठिने हुतभुजमुत्थापयति न तु भस्मसात्करोति मे निरनुक्रोशस्य कायम्' इति । उत्थाय च त्वरमाणोऽन्तःपुरमगात् । तत्र च मर्तुमुद्यतानां राजमहिषीणामश्रृणोद्दूरादेव 'तात चूत, चिन्तयात्मानं प्रवसति ते जननी । वत्स जातीगुच्छ, गच्छाम्यापृच्छस्व माम् । मया विनाद्यानाथा भवसि भगिनि भवनदाडिमलते । रक्ताशोक, मर्षणीयाः पादप्रहाराः कर्णपूरपल्लवभङ्गापराधाश्च । पुत्रक अन्तःपुरबालबकुलक वारुणीगण्डूषग्रहणदुर्ललित, दृष्टोऽसि । वत्से प्रियङ्गुलतिके, गाढमालिङ्ग मां दुर्लभा भवामि ते । भद्र भवनद्वारसहकारक, दातव्यो निवापतोयाञ्जलिरपत्यमसि । भ्रातः पञ्जरशुक, यथा न विस्मरसि माम्, किं व्याहरसि दूरीभूतास्मि ते । शारिके, स्वप्ने नः समागमः पुनर्भूयात् । मातः, मार्गलग्नं कस्य समर्पयामि गृहमयूरकम् । अम्ब, सुतवल्लालनीयमिदं हंसमिथुनं मन्दपुण्यया मया न सम्भावितोऽस्य चक्रवाकयुगलस्य विवाहोत्सवः । मातृवत्सले, निवर्तस्व गृहहरिणिके । समुपनय सौविदल्ल वल्लभवल्लकीं परिष्वजे तावदेनाम् । चन्द्रसेने, सुदृष्टः क्रियतामयं जनः । बिन्दुमति, इयं तेऽन्त्या वन्दना । चेटि, मुञ्च चरणौ । आर्ये कात्यायनिके, किं रोदिषि नीतास्मि दैवेन । तात कञ्चुकिन्, किं मामलक्षणां प्रदक्षिणीकरोषि । धात्रेयि, धारयात्मानं किं पादयोः पतसि । भगिनि, गृहाण मामपश्चिमां कण्ठे । कष्टं न दृष्टा प्रियसखी मलयवती । कुरङ्गवति, अयमामन्त्रणाञ्जलिः । सानुमति, अयमन्त्यः प्रणामः । कुवलयवति, एष तेऽवसानपरिष्वङ्गः । सख्यः, क्षन्तव्याः प्रणयकलहाः' इत्येवंप्रायानालापान् ।

दह्यमानश्रवणश्च तैः प्रविशन्नेव निर्यान्तीं दत्तसर्वस्वापतेयां गृहीतमरणप्रसाधनाम्, जानकीमिव जातवेदसं पत्युः पुरः प्रवेक्ष्यन्तीम्, प्रत्यप्रस्ना-

तं च तथा समादिशन्तमाकर्ण्य जामिजामातृवृत्तान्तविज्ञानप्रकोपाधान-दूयमाने मनसि निवर्तनापदेशेन[1] दूरप्ररूढप्रणयपीड इव प्रोवाच देवो हर्षः—'कमिव दोषं पश्यत्यार्यो ममानुगमनेन । यदि बाल इति नितरां तर्हि न परित्याज्योऽस्मि, रक्षणीय इति भवद्भुजपञ्जरं रक्षास्थानम्, अशक्त इति क्व परीक्षितोऽस्मि, संवर्धनीय इति वियोगस्तनूकरोति, अक्लेशसह इति स्त्रीपक्षे निक्षिप्तोऽस्मि[2], सुखमनुभवत्विति त्वयैव सह तत्प्रयाति, महानध्वनः क्लेश इति विरहोऽविषह्यतरः, कलत्रं रक्षत्विति श्रीस्ते निस्त्रिंशेऽधिवसति, पृष्ठतस्तिष्ठत्विति[2] तिष्ठत्येव ते प्रतापः, राजकमनधिष्ठितमिति तत्सुबद्धमार्यगुणैः, न बाह्यः सहायो महत इति व्यतिरिक्तमेव मां गणयसि, प्रलघुपरिकरः प्रयामीति पादरजसि कोऽतिभारः, द्वयोर्गमनमसांप्रतमिति मामनुगृहाण गमनाज्ञया, कातरो भ्रातृस्नेह इति सदृशो दोषः । का चेयमात्मम्भरिता भुजस्य ते यदेकाकी क्षीरोदफेनपटलपाण्डुरममृतमिव यशः पिपासति । अवञ्चितपूर्वोऽस्मि प्रसादेषु[3] । तत्प्रसीदत्वार्यो नयतु मामपि' इत्यभिधाय क्षितितलविनिहितमौलिः पादयोरपतत् ।

तमुत्थाप्य पुनरग्रजो जगाद—'तात किमेवमतिमहारम्भपरिग्रहणेन गरिमाणमारोप्यते बलादतिलघीयानप्यहितः । हरिणार्थमतिह्रेपणः सिंहसम्भारः । तृणानामुपरि कति कवचयन्त्याशुशुक्षणयः । अपि च तवाष्टादशद्वीपाष्टमङ्गलकमालिनी मेदिन्यस्त्येव विक्रमस्य विषयः । नहि कुलशैलनिवहवाहिनो वायवः संनह्यन्त्यतितरले तूलराशौ । न सुमेरुवप्रप्रणयप्रगल्भा वा दिक्करिणः परिणमन्त्यणीयसि वल्मीके । ग्रहीष्यसि सकलपृथ्वीपतिप्रलयोत्पातमहाधूमकेतुं मान्धातेव चारुचामीकरपत्रलतालङ्काराङ्कक़ायं कार्मुकं ककुभां विजये । मम तु दुर्निवारायामस्यां विपक्षक्षपणक्षुधि क्षुभितायां क्षम्यतामयमेकाकिनः कोपकवल एकः । तिष्ठतु भवान् ।' इत्यभिधाय च तस्मिन्नेव वासरे निर्जगामाभ्यमित्रम् ।

अथ तथागते भ्रातरि, उपरते च पितरि, प्रोषितजीविते च जामातरि, मृतायां च मातरि, संयतायां च स्वसरि, स्वयूथभ्रष्ट इव वन्यः करी देवो हर्षः कथं कथमप्येकाकी कालं तमनैषीत् । अतिक्रान्तेषु बहुषु वासरेषु कदाचित्तयैव भ्रातृगमनदुःखासिकया दत्तप्रजागरस्त्रिभागशेषायां त्रियामायां यामिकेन गीयमानामिमामार्यां शुश्राव—

'द्वीपोपगीतगुणमपि समुपार्जितरत्नराशिसारमपि ।
पोतं पवन इव विधिः पुरुषमकाण्डे निपातयति ॥ ३ ॥'

तां च श्रुत्वा सुतरामनित्यताभावनया दूयमानहृदयः प्रक्षीणभूयिष्ठायां क्षपायां क्षणमिव निद्रामलभत स्वप्ने चाभ्रंलिहं लोहस्तम्भं भज्यमानमपश्यत् । उत्कम्पमानहृदयश्च पुनः प्रत्यबुध्यत । अचिन्तयच्च—'किं नु खलु

१'निवर्तनादेशेन' अ. २ 'पृष्ठतः शून्य'-ब. ३ 'विप्रप्रसादेषु' ब.

मामेवममी सततमनुबध्नन्ति दुःस्वप्नाः । स्फुरति च दिवानिशमकल्याणाख्यानविचक्षणमदक्षिणमक्षि । सुदारुणाश्चाक्षुद्रक्षितिपक्षयमाचक्षाणाः क्षणमपि न शाम्यन्ति पुनरुत्पाताः । प्रत्यहं राहुरविकलकायबन्ध इव कबन्धवति ब्रध्नबिम्बे घटमानो विभाव्यते । तपःकरणकालकवलितानिव धूसरितसमग्रग्रहानुद्गिरन्ति धूमोद्गारान्सप्तर्षयः । दिने दिने दारुणा दिशां दाहा दृश्यन्ते । दिग्दाहभस्मकणनिकर इव निपतति नभस्तलात्तारागणः । तारापातशुचेव निष्प्रभः शशी । निशि निशि इतस्ततः प्रज्वलिताभिरुल्काभिरुग्रं ग्रहयुद्धमिव वियति विलोकयन्ति विलोलतारकाः ककुभः । राज्यसञ्चारसूचकः सञ्चारयतीव क्ष्मां क्वापि वहद्धहलरजःपटलकलिलशर्कराशकलसूत्कारी मारुतः । न कुशलमिव पश्यामि लग्नस्य । अस्मिन्नस्मद्वंशे करिण इव करीरं कोमलमपि कलयतः कृतान्तस्य कः परिपन्थी । सर्वथा स्वस्ति भवत्वार्याय ।' इति चिन्तयित्वा च अन्तर्भिन्नं भ्रातृस्नेहकातरं द्रवदिव हृदयं कथं कथमपि संस्तभ्योत्थाय यथाक्रियमाणं क्रियाकलापमकरोत् ।

आस्थानगतश्च सहसैव प्रविशन्तम्, अनुप्रविशता विषण्णवदनेन लोकेनानुगम्यमानम्, असह्यदुःखोष्णनिश्वासधूमरक्ततन्तुनेव मलिनेन पटेन प्रावृतवपुषम्, जीवितधारणलज्जयेवावनतमुखम्, नासावंशस्याग्रे ग्रथितदृष्टिम्, दुःखदूरप्ररूढरोम्णा मूकेनापि मुखेन स्वामिव्यसनमविच्छिन्नैरश्रुबिन्दुभिर्विज्ञापयन्तं कुन्तलं नाम बृहदश्ववारम्, राज्यवर्धनस्य प्रसादभूमिमभिजाततमं[1] ददर्श । दृष्ट्वा च जाताशङ्कश्चक्षुषि सलिलेन, मुखशशिनि श्वसितेन, हृदये हुताशेन, उत्सङ्गे भुवा, दारुणाप्रियश्रवणसमये सममिव सर्वैष्वङ्गेष्वगृह्यत लोकपालैः । तस्माच्च हेलानिर्जितमालवानीकमपि गौडाधिपेन मिथ्योपचारोपचितविश्वासं मुक्तशस्त्रमेकाकिनं विश्रब्धं स्वभवन एव भ्रातरं व्यापादितमश्रौषीत् ।

श्रुत्वा च महातेजस्वी प्रचण्डकोपपावकप्रसरपरिचीयमानशोकावेगः सहसैव प्रजज्वाल । ततश्चामर्षविधुतशिरःशीर्यमाणशिखामणिशकलाङ्गारकितम्[2]इव रोषाग्निमुद्वमन्, अनवरतस्फुरितेन पिबन्निव सर्वतेजस्विनामायूंषि रोषनिर्भुग्नेन दशनच्छदेन, लोहितायमानलोचनालोकविक्षेपैर्दिग्दाहानिव दर्शयन्, रोषानलेनाप्यसह्यसहजशौर्योष्मदहनदह्यमानेनेव वितन्यमानस्वेदसलिलशीकरासारदुर्दिनः, स्वावयवैरप्यदृष्टपूर्वप्रकोपभीतैरिव कम्पमानैरुपेतः, हर इव कृतभैरवाकारः, हरिरिव प्रकटितनरसिंहरूपः, सूर्यकान्तशैल इवापरतेजःप्रसरदर्शनप्रज्वलितः, क्षयदिवस इवोदितद्वादशदिनकरदुर्निरीक्ष्यमूर्तिः, महोत्पातमारुत इव सकलभूभृत्कम्पकारी, विन्ध्य इव विवर्धमानविग्रहोत्सेधः, महाशीविष इव दुर्नरेन्द्राभिभवरोषितः, पारीक्षित इव सर्वभोगिदहनोद्यतः, वृकोदर इव रिपुरुधिरतृषितः, सुरगज इव प्रतिपक्षवारणप्र-

---

१ 'अभिज्ञात०' ब. २ 'शकलाङ्गारकिताङ्गमिव' ब.

दिक्पालैः प्रणम्यमानश्च नेत्रत्रिभागैश्च कटाक्षैश्च समग्रेक्षितैर्भ्रूवल्गितैश्चार्धहसितैश्च परिहासैश्च छेकालापैश्च कुशलप्रश्नैश्च प्रतिप्रणामैश्चोन्मत्तभ्रूवीक्षितैश्चाज्ञादानैश्चाक्री[1]णन्निव मानमयान्प्राणान्प्रणयदानैः प्रवीराणां वीरो यथानुरूपं विबभाज राजकम्।

अथ प्रस्थिते राजनि कलकलत्रस्तदिङ्नागशूत्काररव इवेतस्ततस्तस्तार तारतरस्तूर्याणां प्रतिध्वनिराशातटेषु। दिग्गजेभ्यः प्रकुपितानां त्रिप्रस्रुतानां करिणां मदप्रस्रवणवीथीभिरलिकुलकालीभिः कालिन्दीवेणिकासहस्राणीव सस्यन्दिरे। सिन्दूररेणुराशिभिररुणायमानबिम्बे रवावस्तमयसमयं शशङ्किरे शकुनयः। करिणां षट्पदकोलाहलमांसलैः कर्णतालनिस्वनैस्तिरोदधिरे दुन्दुभिध्वनयः। दोधूयमानश्च सचराचरमाचचाम चामरसङ्घातो विश्वम्। अश्वीयश्वासनिक्षिप्तैः शिश्विन्दे सिन्धुवारदामशुचिभिर्निरन्तरमन्तरिक्षं फेनपिण्डैः। पिण्डीभूततगरस्तबकपाण्डुराणि पपुरिव परस्परसङ्घट्टनष्टाष्टदि[2]शं दिवसमुच्चचामीकरदण्डान्यातपत्रवनानि। रजोरजनीनिमीलितोपि मुकुटमणिशिलावलीबालातपेन विचकास वासरः। राजतैर्हिरण्मयैश्च मण्डनकभाण्डमण्डलैर्ह्रादमानैर्हरितीकृ[3]ताः परिह्लादा हरितो बधिरतां दधुः। अरिप्रतापानलनिर्मूलनायेव मदोष्मशीकरैः शि[4]शीकिरे करिणः ककुभां चक्रम्। चक्षुषामुन्मेषं मुमुषुस्तडिच्चञ्चलानि चूडामणीनामर्चींषि। स्वयमपि विसिष्मिये बलानां भूपालः सर्वतो विक्षिप्तचक्षुश्चाद्राक्षीदावासस्थानसकाशात्प्रतिष्ठमानं स्कन्धावारम्, अधोक्षजकुक्षेरिव युगादौ निष्पतन्तं जीवलोकम्, अम्भोनिधिमिव कुम्भभुवो वदनात्प्लावितभुवनमुद्भवन्तम्, अर्जुनबाहुदण्डसहस्रसंपिण्डितोन्मुक्तमिव सहस्रधा प्रवर्तमानं प्रवाहं नर्मदायाः। 'प्रसर तात। भाव, किं विलम्बसे। त्वं[5]ङ्गति तुरङ्गमः। भद्र, भग्नचरण इव सञ्चरसि यावदमी पुरःसराः सरभसमुपरि पतन्ति। वाहयसि किमुष्ट्रम्। न पश्यसि निर्दय निःशूकशिशुं शयानम्। वत्स रामिल, रजसि यथा न नश्[6]यसि तथा समीपे भव। किं न पश्यसि गलति सक्तुप्रसेवकः। किमेवमित्वर त्वरसे। सौरभेयसरणिमपहाय हयमध्यं धावसि धीवरि। विशसि गन्तुकामा मातङ्गि मातङ्गमार्गम्। अङ्ग, गलति तिरश्चीना चणकगोणी गणयसि न मामारटन्तम्। अवटमै[7]वटेनावतरसि। सुखमास्स्व स्वैरिणि सौवीरककुम्भो भग्नः। मन्थरक, खादिष्यसि गतः सन्निक्षुम्। उक्षाणं प्रसा[8]रय। कियच्चिरं चिनोषि चेट बदराणि दूरं गन्तव्यम्। किमद्यैव विद्रासि द्रोणक द्राघीयसी दण्डयात्रा। विनैकेन निष्ठुरकेण निष्क्रेयमस्माकम्। अग्रतः पन्थाः स्थपुटं[9]कः। स्थावरक, यथा न भनक्षि फाणितस्थालीम्। गरीयान्गण्डकतण्डुलभारको न निर्वहति दम्यः। दासक, मौं[10]षीणा-

१ '०क्रीडन्निव' अ. २ 'दिशि' ब. ३ '०कृतापराह्लादा' ब. ४ 'शिशेकिरे' अ–क. ५ 'लङ्घति' ब. ६ 'नश्यसि न पश्यसि' अ; 'नश्यसि नो पयसि' क. ७ 'अतटेन' अ–क. ८ 'प्रसादय' अ–क. ९ 'स्थपुटक' अ–क. १० 'माषीणाममुतो' अ.

दमुतो द्रागदात्रेण मुखघासपूलकं लुनीहि । को जानाति यवसगतं गतानाम् । धव, वारय बलीवर्दान्, वाहीकरक्षितं क्षेत्रमिदम् । लम्बिता शकटी, शाक्करं धुरन्धरं धुरि धवलं नियुङ्क्ष्व । यक्षपालित, प्रमदाः पिनक्षि । अक्षिणी किं ते स्फुटिते । हत हस्तिपक[1] रे, दीव्यसि करिकरदण्डे । समद, संमर्दकर्दमे स्खलसि । भ्रातर्भाव विधुरबन्धो[2], उद्धर पङ्कादनड्वाहम् । इत एहि माणवक, घनेभघटासङ्घट्टसङ्कटे नास्ति निस्सरणसरणिः[3] ।' इत्येवमादिप्रवर्तमानानेकसंलापं क्वचित्स्वेच्छामृदितो द्दामसस्यघासविघससुखसम्पन्नान्नपुष्टैः केलिकलैः किलकिलायमानैर्मैण्ठवण्ठवठरलम्बनलेशिकलुण्ठकचेटचाट[4]चण्डालमण्डलैराण्डीरैः स्तूयमानम्, क्वचिदसहायैः क्लेशार्जितकुग्रामकुटुम्बिसम्पादितसीदत्सौरभेयशम्बलसंवाहनायासावेगागतसंयोगैः स्वयंगृहीतगृहोपस्करणैः 'इयमेका कथंचिद्दण्डयात्रा यातु । यातु पातालतलं तृष्णाभूतेरभवनिः । भवतु शिवम् । सेवा करोतु । स्वस्ति सर्वदुःखकूटाय कटकाय' इति दुर्विधकुलपुत्रकैर्निन्द्यमानम्, क्वचिदतितीक्ष्णसलिलस्रोतःपातिनौगतैरिव ग्रथितैरिव पङ्क्तिभूतैर्जनैरतिद्रुतं द्रवद्भिः कृष्णकठिनस्कन्धगुरुलगुडैर्गृहीतसौवर्णपादपीठीपर्यङ्कर[5]ङ्ककलशपतद्ग्रहावग्राहैः[6] प्रत्यासन्नपार्थिवोपकरणग्रहणगर्वदुर्वारैः सर्वमेव बहिः कारयद्भिर्भूपतिभृतकभारिकैर्महानसोपकरणवाहिभिश्च बद्धवराहवध्रवाध्रीणसैर्लम्बमानहरिणचटुकचटकजूटजटिलैः शिशुशशकशाकपत्रवेत्राग्रसंग्रहसंग्राहिभिः शुक्लकर्पटप्रावृतमुखैकदेशदत्तार्द्रमुद्रागुप्तगोरसभाण्डैस्तलकतापकतापिकाहस्तकताम्रचरुककटाहसङ्कटपिटकभारिकैः समुत्सार्यमाणपुरोवर्तिजनम्, क्वचित् 'क्लेशोऽस्माकम् । फलकालेऽन्य एव विटाः समुपस्थास्यन्ते' इति मुखरैः पदे पदे पततां दुर्बलबलीवर्दानां नियुक्तैः स्खलने[7] खलचेटकैः खेद्यमानासंविभक्तकुलपुत्रलोकम्, क्वचिन्नरपतिदर्शनकुतूहलादुभयतः प्रजवितप्रधावितग्रामेयकजनपदम्, मार्गग्रामनिर्गतैराग्रहारिकजाल्मैः पुरःसरजरन्महत्तरोत्तम्भिताम्भःकुम्भैरुपायनीकृतदधिगुडखण्डकुसुमकरण्डैर्धनघटितपेटकैः सरभसं समुत्सर्पद्भिः प्रकुपितप्रचण्डदण्डिवित्रासनविद्रुतैर्दूरगतैरपि स्खलद्भिरपि पतद्भिरपि नरेन्द्रनिहितदृष्टिभिरसतोऽपि पूर्वभोगपतिदोषानुद्भावयद्भिरतिक्रान्तयुक्तकशतानि च शंसद्भिश्चिरन्तनचाटापराधांश्चाभिदधानैरुद्धूयमानधूलिपटलम्, क्वचिदेकान्तप्रवृत्ताश्ववारचर्क्रचर्व्यमाणा[8]गामिगौडविमृग्यमाणसस्यसंरक्षणम्, अपरैरादिष्टपरिपालकपुरुषपरितुष्टैः 'धर्मः प्रत्यक्षो देवः' इति स्तुतीरातन्वद्भिरपरैर्लूयमाननिष्पन्नसस्यप्रकटितविषादैः क्षेत्रशुचा सकुटुम्बैरेव निर्गतैः प्ररूढप्राणच्छेदैः परितापत्याजितभयैः 'क्व राजा कुतो राजा कीदृशो वा राजा' इति प्रारब्धनरनाथनिन्दम्, शशकैश्च पदे पदे प्रजविप्र-

---

१ 'हस्तिपको नेदीयसि करीकरदण्डे समदः' ब. २ 'विधुरे बन्धुरुद्धर' ब. ३ 'निस्तरणम्' अ-क. ४ 'शाट' ब. ५ 'पीठीकरङ्क' अ-क. ६ 'पतद्ग्राहावगाहैः' अ-क. ७ 'नियुक्तैः खेटने खेटचेटकैः' अ-क. ८ 'चर्च्यमाण' ब.

प्रचुरपूगफलाः, प्रसवपूगपिङ्गलप्रियङ्गवः, परागपिञ्जरितमञ्जरीपुञ्ज्यमानमधुपमञ्जुशिञ्जाजनितजनमुदः, मदमलमेचकितमुचुकुन्दस्कन्धकाण्डकथ्यमाननिःशङ्ककरिकरटकण्डूतयः, उड्डीयमाननिःशङ्कचटुलकृष्णशारशावसकलशाद्वलसुभगभूमयः, तमःकालतमतमालमालामीलितातपाः, स्तबकदन्तुरितदेवदारवः, तरलताम्बूलीस्तम्बजालकितजम्बूजम्बीरवीथयः, कुसुमरजोधवलधूलीकदम्बचक्रचुम्बितव्योमानः, बहलमधुमोक्षोक्षितक्षितयः, परिमलघटितघ्राणतृप्तयः, कतिपयदिवसप्रसूतकुक्कुटीकुटीकृतकुटजकोटराः, चटकासञ्चार्यमाणवाचाटचाटकेरक्रियमाणचाटवः, सहचरीचारणचञ्चुरचकोरचञ्चवः, निर्भयभूरिभुरुण्डभुज्यमानपाककपिलपीलवः, सदाफलकदफलफलविशसननिःशूकशुकशकुन्तशातितशलाटवः, शैलेयसुकुमारशिलातलसुखशयितशशशिशवः, शेफालिकाशिफाविवरविस्रब्धविवर्तमानगौधेरराशयः, निरातङ्करङ्कवः, निराकुलनकुलकुलकेलयः, कलकोकिलकुलकवलितकलिकोद्गमाः, सहकारारामरोमन्थायमानचमूरयूथाः, यथासुखनिषण्णनीलाण्डजमण्डलाः, निर्विकारवृकविलोक्यमानपोतपीतगवयधेनवः, श्रवणहारिसनीडगिरिनितम्बनिर्झरनिनादनिद्रानन्दमन्दायमानकरिकुलकर्णतालदुन्दुभयः, समासन्नकिन्नरीगीतरवरसमानरुरवः, प्रमुदिततरतरक्षवः क्षतहरितहरिद्राद्रवरज्यमाननववराहपोतपोत्रवलयः, गुञ्जाकुञ्जगुञ्जज्जाहकाः, जातीफलकसुप्तशालिजातकवलयः, दशनकुपितकपिपोतपेटकपाटितपाटलमुखकीटपुटकाः, लकुचलम्पटगोलाङ्गूललङ्घ्यमानलवलयः, बद्धवालुकालवालवलयाः, कुटिलकुटावलिवलितवेगगिरिनदिकास्रोतसः, निबिडशाखाकाण्डलम्बमानकमण्डलवः, सूत्रशिक्यासक्तरिक्तभिक्षाकपालपल्लवितलतामण्डपाः, निकटकुटीकृतपाटलमुद्राचैत्यकमूर्तयः, चीवराम्बररागकषायोदकदूषितोद्देशाः, मेघमया इव कृतशिखण्डिकुलकोलाहलाः, वेदमया इवापरिमितशाखाभेदगहनाः, माणिक्यमया इव महानीलतनवः, तिमिरमया इव सकलजननयनमुषः, यामुना इवोर्ध्वीकृतमहाह्रदाः, मरकतमणिश्यामलाः क्रीडापर्वतका इव वसन्तस्य, अञ्जनाचला[1] इव पल्लविताः, तनया इवाटवीजाता विन्ध्यस्य, पातालान्धकारराशय इव भित्त्वा भुवमुत्थिताः, प्रतिप्रवेशका[2] इव वर्षावासराणाम्, अंशावतारा इव कृष्णरात्रीणाम्[3], इन्द्रनीलमयाः प्रासादा इव वनदेवतानाम्, पुरस्ताद्दर्शनपथमवतेरुस्तरवः ।

ततो नरपतेरभवन्मनस्यदूरवर्तिना खलु भवितव्यं भदन्तेनेति । अवतीर्य च गिरिसरिति समुपस्पृश्य युगपद्विश्रामसमयसमुन्मुक्तहेषाघोषबधिरीकृताटवीगहनामस्मिन्नेव प्रदेशे स्थापयित्वा वाजिसेनामवलम्ब्य च तपस्विजनदर्शनोचितं विनयं हृदयेन दक्षिणेन च हस्तेन माधवगुप्तमंसे विरलैरेव राजभिरनुगम्यमानश्चरणाभ्यामेव प्रावर्तत गन्तुम् ।

---

१ 'अञ्जनाचलमया इव' ब. २ 'प्रतिवेशिका' अ. ३ 'कृष्णार्घरात्रीणाम्' ब.

अथ तेषां तरूणां मध्ये नानादेशीयैः स्थानस्थानेषु स्थाणूनाश्रितैः शिलातलेषूपविष्टैर्लताभवनान्यध्यावसद्भिररण्यानीनिकुञ्जेषु निलीनैर्विटपच्छायासु निषण्णैस्तरुमूलानि निषेवमाणैर्वीतरागैरार्हतैर्मस्करिभिः श्वेतपटैः पाण्डुरभिक्षुभिर्भागवतैर्वर्णिभिः केशलुञ्चनैः कापिलैर्जैनैर्लोकायतिकैः काणादैरौपनिषदैरैश्वरकारणिकैः कारन्धमिभिर्धर्मशास्त्रिभिः पौराणिकैः साप्ततन्तवैः शैवैः शाब्दैः पाञ्चरात्रिकैरन्यैश्च स्वान्स्वान्सिद्धान्ताञ्शृण्वद्भिरभियुक्तैश्चिन्तयद्भिश्च प्रत्युच्चरद्भिश्च संशयानैश्च निश्चिन्वद्भिश्च व्युत्पादयद्भिश्च विवदमानैश्चाभ्यस्यद्भिश्च व्याचक्षाणैश्च शिष्यतां प्रतिपन्नैर्दूरादेवावेद्यमानम्, अतिविनीतैः कपिभिरपि चैत्यकर्म कुर्वाणैस्त्रिसरणपरैः परमोपासकैः शुकैरपि शाक्यशासनकुशलैः कोशं समुपदिशद्भिः शिक्षापदोपदेशदोषोपशमशालिनीभिः शारिकाभिरपि धर्मदेशनां दर्शयन्तीभिरनवरतश्रवणगृहीतालोकैः कौशिकैरपि बोधिसत्त्वजातकानि जपद्भिर्जातसौगतशीलशीतलस्वभावैः शार्दूलैरप्यमांसाशिभिरुपास्यमानम्, आसनोपान्तोपविष्टविस्रब्धानेककेसरिशावकतया मुनिपरमेश्वरमकृत्रिम इव सिंहासने निषण्णम्, उपशममिव पिबद्भिर्वनहरिणैर्जिह्वालताभिरुपलिह्यमानपादपल्लवम्, वामकरतलनिविष्टेन नीवारमश्नता पारावतपोतेन कर्णोत्पलेनेव प्रियां मैत्रीं प्रसादयन्तम्, इतरकरकिसलयनखमयूखलेखाभिर्जनितजनव्यामोहम्, उद्ग्रीवं मयूरं मरकतमणिकरकमिव वारिधाराभिः पूरयन्तम्, इतस्ततः पिपीलकश्रेणीनां श्यामाकतण्डुलकणान्स्वयमेव किरन्तम्, अरुणेन चीवरपटलेन म्रदीयसा संवीतम्, बहलबालातपानुलिप्तमिव पौरन्दरं दिग्भागमुल्लिखितपद्मरागप्रभाप्रतिमया रक्तावदातया देहप्रभया पाटलीकृतानां काषायग्रहणमिव दिशामप्युपदिशन्तम्, अनौद्धत्यादधोमुखेन मन्दमुकुलितकुमुदाकारेण स्निग्धधवलप्रसन्नेन चक्षुषा जनक्षुण्णक्षुद्रजन्तुजीवनार्थममृतमिव वर्षन्तम्, सर्वशास्त्राक्षरपरमाणुभिरिव निर्मितं परमसौगतमप्यवलोकितेश्वरम्, अस्खलितमपि तपसि लग्नम्, आलोकमिव यथावस्थितसकलपदार्थप्रकाशकं दर्शनार्थिनाम्, सुगतस्याप्यभिगमनीयमिव, धर्मस्याप्याराधनीयमिव, प्रसादस्यापि प्रसादनीयमिव, मानस्यापि माननीयमिव, वन्द्यत्वस्यापि वन्दनीयमिव, [1]आत्मनोऽपि स्पृहणीयमिव, ध्यानस्यापि ध्येयमिव, ज्ञानस्यापि ज्ञेयमिव, जन्म[2] जपस्य, नेमिं नियमस्य, तत्त्वं तपसः, शरीरं शौचस्य, कोशं कुशलस्य, वेश्म विश्वासस्य, [3]सर्वस्वं सद्वृत्ततायाः[4], दाक्ष्यं दाक्षिण्यस्य, पारं परानुकम्पायाः, निर्वृतिं सुखस्य, मध्यमे वयसि वर्तमानं दिवाकरमित्रमद्राक्षीत्। अतिप्रशान्तगम्भीराकारारोपितबहुमानश्च सादरं दूरादेव समं शिरसा मनसा वचसा च ववन्दे।

दिवाकरमित्रस्तु मैत्रीमयः प्रकृत्या विशेषतस्तेनापरेणादृष्टपूर्वेणामानुष-

१ 'आत्मनोऽपि...ज्ञेयमिव' इत्येतन्नास्ति अ-क पुस्तकयोः. २ 'जन्म यमस्य' अ-क.
३ 'सद्वृत्तम्' अ-क. ४ 'सद्वृत्ततायाः, सर्वस्वं सर्वज्ञतायाः' अ-क.

NOTES

Uchchhvāsa I

हर्षस्य चरितमधिकृत्य कृतो ग्रन्थः हर्षचरितम्. The affixes अण् (अ) and छ (ईय) are added to words to denote works, according to the Sûtra 'अधिकृत्य कृते ग्रन्थे' पा. IV. 3. 87. But, according to the Vārtika 'लुबाख्यायिकाभ्यो बहुलम्', these affixes are generally omitted in the case of works called आख्यायिकाs. The हर्षचरित is an आख्यायिका, for a definition of which see Intro. p. XX. उच्छ्वासः means 'a chapter of a book.' It is a division peculiarly associated with works of the आख्यायिका class. Note verse 10 below.

In some Mss. the first verse is इच्छादि०, which contains a salutation to सरस्वती. इच्छादि...प्रभावा the power of which, in presenting the whole (world) by the successive working (प्रसरः) of the several faculties beginning with volition, is well-known. निचयः collection. Ideas are conveyed by words over which सरस्वती presides. Words are made up of letters (sounds) the production of which is explained by the following from the शिक्षा 'आत्मा बुद्ध्या समेत्यार्थान् मनो युङ्क्ते विवक्षया । मनः कायाग्निमाहन्ति स प्रेरयति मारुतम् । मारुतस्तूरसि चरन् मन्द्रं जनयति स्वरम् ।... सोदीर्णो मूर्ध्न्यभिहतो वक्त्रमापद्य मारुतः । वर्णाञ्जनयते &c.' It will be noticed that according to this quotation it is the *desire* to speak (विवक्षा = वक्तुमिच्छा) that is the first step in the evolution of वर्णs. Separate या (सरस्वती) आध्यायिनाम् (of those who reflect). आध्यायिनां may be connected with हृदय in the compound हृदय० or with रूप. The poet perhaps intends both. हृदयमेव कोकनदं तस्मिन् प्रतिष्ठा यस्याः which is installed in the lotus of the heart (of reflecting men). The heart is fitly compared to कोकनद which is a red lotus. 'रक्तोत्पलं कोकनदम्' इत्यमरः. In the Upanishads the heart is often spoken of as a lotus in which the supreme soul dwells. 'अथ यदिदमस्मिन् ब्रह्मपुरे दहरं पुण्डरीकं वेश्म दहरोऽस्मिन्नन्तराकाशस्तस्मिन्यदन्तस्तदन्वेष्टव्यम्' छान्दोग्य 8.1.1. सरस्वती is but a शक्ति of the Supreme Soul. रूपं प्रकाशयति—It is speech that manifests (conveys) objects (रूपं) to the mind. The meaning may also be 'that manifests her real nature (to those who are contemplative).' वाक् is said to be fourfold, परा, पश्यन्ती, मध्यमा and वैखरी. This is a description of परा वाक्. The metre is वसन्ततिलका. We may also read या ध्यायिनां or separate as या अध्यायिनां (from इ with अधि).

Verse 1. Connect नमः with शम्भवे. It is usual for Sanskrit authors to begin their works with an invocation to some deity. तुङ्गं शिरः चुम्बते इति ०चुम्बी चन्द्रः एव चामरं तेन चारुः तस्मै. The head of शिव never bows down to any one else; hence it is तुङ्ग. Both the moon and चामर are white. त्रैलोक्यमेव नगरं तस्य आरम्भे मूलस्तम्भः तस्मै—who is the first pillar in constructing the city in the form of the three worlds. The author looks upon शिव as the supreme deity, the cause of the creation, maintenance and absorption of the Universe. It is well-known that in constructing a house the first pillar (whether of wood or stone) is erected on an auspicious day and with great ceremony. चामरs may be tied on to it for the sake of beauty and auspiciousness. 'नगरारम्भे हि मूलस्तम्भो भवति। तत्र च पट्टबन्धादिवदुत्क्षेपणानन्तरमुन्नते पृष्ठदेशे चन्द्रतुल्यं श्वेतं चामरं क्रियते इति स्थितिः' सं. शङ्कर notes that other commentators construe the word शम्भु as referring also to विष्णु and ब्रह्मा. " 'स्वयम्भूः शम्भुरादित्यः' इति नामसहस्रे दृष्टत्वाद्धरेः, 'शम्भू ब्रह्मत्रिलोचनौ' इत्यभिधाकोशदर्शनाच्च ब्रह्मणोऽपि नमस्कारोऽयमित्यन्ये वदन्ति। व्याकुर्वते च हरिपक्षे त्रैलोक्याक्रमणकाले यद्वा 'यस्याग्निरास्यं द्यौर्मूर्धा खं नाभिश्चरणौ मही' इत्यभिप्रायेण तुङ्गमुच्छ्रितं शुलक्षणं यच्छिरस्तच्चुम्बि चन्द्र एव चामरं तेन चारवे। ब्रह्मपक्षे चन्द्रः स्वर्णं तन्मयं चामरमिव चामरं केशकलापः। हिरण्यकेशो हि ब्रह्मा त्रैलोक्यादीनि सर्वत्र तुल्यमिति." From this verse and from indications in the 2nd उच्छ्वास (देवदेवस्य विरूपाक्षस्य...विधाय पूजां परमया भक्त्या) we can say that Bāṇa was specially devoted to शिव. C and T note that this verse occurs entire in an inscription (vide Indian Antiquary vol. XIII. p. 92) of the western चालुक्य king त्रिभुवनमल्ल II dated S'ake 1006.

Verse 2. हरस्य कण्ठः तस्य ग्रहः तेन आनन्दः तेन मीलिते (closed) अक्षिणी यस्याः—Whose eyes were closed by the joy of clasping the neck of S'iva. कालकूटविषस्य स्पर्शेन जातः मूर्च्छायाः आगमः (advent, beginning) यस्याः. When the gods and demons churned the ocean for jewels, the first thing that came out was the poison हालाहल. शिव drank it to save the universe from destruction. The poison showed its strength by making S'iva's throat dark. See रामायण I. 45 (निर्णयसागर ed.) and भागवतपुराण VIII. Compare 'अमृतमथनसमयमिव तीरावस्थितशितिकण्ठपीयमानविषम्' कादम्बरी (p. 123 of P). Umā (पार्वती) clasped the neck of S'iva and closed her eyes in the ecstasy of love. The poet fancies that the closing of the eyes was due to the fainting fit caused by touching the poison in the throat of शिव. It is well-known that poison causes fainting. For the derivation of उमा see कुमार० I. 26. 'उ मेति मात्रा तपसो निषिद्धा पश्चादुमाख्यां सुमुखी जगाम.'

seems to be an emendation due to the difficulty of explaining आढ्यराज. One edition reads 'कृतोच्छ्वासैः' which also seems to be an unauthorised emendation. Pischel held that आढ्यराज was Harsha himself (J. R. A. S. for 1903 p. 830). But it is not clear why Harsha should be called आढ्यराज. Some take the verse in a sarcastic sense. If आढ्यराज is शालिवाहन (or सातवाहन), we know how he discouraged (the opposite of उत्साह) गुणाढ्य when the latter brought his strange work of seven lakhs of verses. But several objections can be urged against this way of explaining the verses. There is no reason why Bâṇa should indulge in sarcasm against a famous king that died several centuries before him. Besides this sense does not fall in well with the next verse. Mr. F. W. Thomas is troubled by the word अपि in स्मृतैरपि and thinks that the reference may be to some psychological doctrine according to which memory does not reside in the heart (J. R. A. S. 1903 p. 830).

Verse 19. तथापि although I am afraid of the ridicule that may be poured upon me in striving to reach the position of a poet of the eminence of आढ्यराज. नृपते... चापलम् through my devotion to my king (Harsha), I, being undismayed and eager to carry out (my undertaking), make bold to plunge with my tongue in the ocean of Ákhyâyikâ. He means that he is going to write an आख्यायिका about हर्ष and sing his praises with his tongue. That is a rash undertaking (चापलं) for one like him. Separate भक्त्या अभीतः. अभीतः may also mean 'being surrounded *i. e.* protected all round' (अभि + इतः). प्लवनं Swimming. प्लवनं एव चापलम्. It is a rash act to plunge in the deep ocean. निर्वहणे आकुलः would also mean 'anxious to go across to the other side' (with one who plunges into the ocean).

Verse 20. Here आख्यायिका is compared to a bed (शय्या). सुख...लिता (सुखेन प्रबोधः ज्ञानं तेन ललिता) charming on account of conveying knowledge with ease or charming on account of its being easy to understand. The Vedas and S'āstras contain injunctions laying down how one should act. Poetry like a bitter pill coated with sugar inculcates good conduct and abstinence from sin in a sweet persuasive manner. Compare 'स्वादुकाव्यरसोन्मिश्रं शास्त्रार्थमपि भुञ्जते। प्रथमालीढमधवः पिबन्ति कटु भेषजम् ॥'; compare also 'कटुकौषधवच्छास्त्रमविद्याव्याधिनाशनम् । आह्लाद्यमृतवत्काव्यमविवेकगदापहम् ॥' काव्यालङ्कारकामधेनु. सुख...ललिता that is agreeable because one rises from it in a happy mood (with शय्या). सुखः प्रबोधः (waking up from sleep) तेन ललिता. शोभनानां वर्णानां घटना (arrangement) तेन उज्ज्वलैः (शब्दैः). See above p. 10 as to the employment of particular letters for a particular purpose. सुवर्ण...ज्ज्वलैः brilliant on account of being overlaid with gold or on account of the combination of agreeable colours (with प्रतिपादकैः). प्रतिपादकैः that convey sense (with शब्दैः); with the feet (of the bed). शय्या is used in another sense also. It means 'such a collocation of words in a poem that no word can be substituted by another without marring the beauty of the poem. 'या पदानां परान्योन्यमैत्री शय्येति कथ्यते ।' प्रतापरुद्र (वृत्ति—पदविनिमयासहिष्णुत्वाद्बन्धस्य पदानुगुण्यरूपा शय्या). बाण employs the word in this sense in the कादम्बरी 'स्फुरत्कलालापविलासकोमला करोति रागं हृदि कौतुकाधिकम् । रसेन **शय्यां** स्वयमभ्युपागता कथा जनस्याभिनवा वधूरिव ॥' (Intro. 8th verse). The words सुख०, सुवर्ण० and प्रति० mean the same thing with शय्या in this sense as with आख्यायिका. The अग्निपुराण says that शय्या is the same as मुद्रा 'अभिप्रायविशेषेण कविशक्तिं विवृण्वती । मुत्प्रदायिनीति सा मुद्रा सैव शय्यापि नो मते ॥' 342.26.

Verse 21. ज्वलन् प्रतापज्वलनः एव प्राकारः तेन कृता जगतः रक्षा येन who protects the world by the rampart-wall (प्राकारः) of the fire of his glorious valour. सकलानां प्रणयिनां मनोरथाः तेषां सिद्धौ श्रीपर्वतः Who is a श्रीपर्वत in fulfilling the desires of all suppliants. प्रणयिन् a friend, or one who comes with a request. श्रीपर्वत is a mountain in Telingana sacred to शिव. 'श्रीपर्वते महादेवो देव्या सह महाद्युतिः । न्यवसत्परमप्रीतो ब्रह्मा च त्रिदशैः सह ॥' वनपर्व 85. 19-20. The story runs that लक्ष्मी practised penance there and secured the boon of always reclining on the chest of Vishṇu. Compare 'श्रीपर्वताश्चर्यवार्तासहस्राभिज्ञेन जरद्द्रविडधार्मिकेण (p. 227 of कादम्बरी Peterson's ed.).

P. 2 ll. 20—28 **एव... प्रादुरभवन्.** अनुश्रूयते *lit.* it is heard *i. e.* it is handed down by tradition. किल indicates 'as the story goes.' '**वार्ता**सम्भाव्ययोः **किल**' इत्यमरः. स्व...तिष्ठन् presiding over (or dwelling in) his world (*i. e.* ब्रह्मलोक or सत्यलोक). परमेष्ठी = ब्रह्मा (परमे पदे तिष्ठतीति). It is the subject of आसाञ्चक्रे. विका... विष्टः occupying his lotus seat that was fully expanded. इन् (in विकासिन्) is affixed in the sense of नित्ययोग (the lotus on which ब्रह्मा reclines is always expanded). 'भूमनिन्दाप्रशंसासु **नित्ययोगे**ऽतिशायने । सम्बन्धेऽस्तिविवक्षायां च भवन्ति मतुबादयः ॥'. पद्मं एव विष्टरः (विस्तीर्यते इति). '**विष्टरो** विटपी दर्भमुष्टिः **पीठाद्यमासनम्**' इत्यमरः. ब्रह्मा is called कमलासन. सुनासीरः (इन्द्रः) प्रमुखः येषाम्. The word is

understand the mistake you committed. So you should rather feel ashamed in their presence than select सरस्वती for cursing. The reading षण्ढाः means 'eunuch'. The idea would be 'these sages are not impotent, they also can curse you in return, but they have restrained themselves.' रोषः एव दोषः तेन निषद्ये that is fit to be inhabited by the sin of wrath; or रोषदोषस्य निषद्या (market) यस्मिन्. 'आपणस्तु निषद्यायाम्' इत्यमरः. स्व...ग्राह्ये when your own heart should have been checked. अनागस् *adj.* innocent. आत्मनः प्रमादः तेन स्खलितं तस्मात् वैलक्ष्याणि (विलक्षस्य भावः) occasions of shame arising from mistakes due to one's own carelessness (प्रमादः). यै...जनः whereby a person not properly educated incurs blame. The reading याप्यतां conveys the same sense. याप्य = गर्ह्य. विनोदयिष्यति will divert or comfort. आत्मजस्य मुखकमलं तस्य अवलोकनं अवधिः यस्य—that will end at the sight &c. विसर्जितं (dismissed, dissolved) ०मण्डलं येन. ससंभ्रमं (hastily) उपगतः नारदः तस्य स्कन्धे विन्यस्तः हस्तः येन (*adj.* of पितामहः above). देवर्षि नारद was one of the ten mind-born sons of ब्रह्मा. See मनु० I. 35 quoted above p. 18. समु...तिष्ठत् got up for the performance of his usual daily rites. 'आह्निकं स्यात्पुनरहर्निर्वर्त्ये नित्यकर्मणि' हेमचन्द्र. सरस्वत्यपि–connect this with गृहमगात् (l. 16). धवल...पातयन्ती who let fall on her bosom her glance that was white, dark and variegated, as if it (दृष्टि) were a strip of deer-skin. The white of the eye and the dark pupil together make the glance variegated and make it resemble a deer-skin with dark spots thereon. The word धवलः further suggests a bold contradiction. धवलः कृष्णशारः (spotted antelope) यस्मिन्. A कृष्णशार cannot be धवल. षट्...माणा The dark bees are fancied to be the incarnate letters of the curse. A curse being an evil thing would be dark. शापशोकेन शिथिलितौ (without energy) हस्तौ यस्याः. उपदिश्यमानः मर्त्यलोकावतरणमार्गः यस्यै. अधो...जालकेन—the idea is:—The rays of her nails naturally spread downwards; the poet fancies that in spreading downwards from heaven they pointed out to her the way to descend to the world of mortals. अधोमुखीभूतेन—one who tells another unpleasant news hangs down his face. नूपुराणां व्याहारः (utterance, noise) तेन आहूतैः. Domestic हंसs are always represented as following the tinkling of the anklets of ladies. Compare 'प्रदक्षिणीक्रियमाणामिव मणिनूपुरबन्धुभिर्बद्धमण्डलं भ्रमद्भिर्भवनहंसैः' हर्षचरित 5th उच्छ्वास. The कलहंसs are compared to the hearts of the inhabitants of ब्रह्मलोक who, out of their affection for सरस्वती, followed her mentally.

P. 5 l. 17—p. 7 l. 10 **अत्रान्तरे...इति.** मध्यमं लोकम्—the earth (which is between the Heavens and the पाताल). अंशुमाली = सूर्यः. सरस्वती...माली—the idea is:—the sun descended from his position in mid heavens to the western horizon (the earth) in the evening. This is fancied to be due to the fact that the sun wanted to announce that सरस्वती was coming down to the earth. मुकुलितानां बिसिनीनां (कमलिनीनां) विसरः समूहः तस्य व्यसनं (calamity) तेन विषण्णानि (dejected) सरांसि यस्मिन्. Lotuses close their petals in the evening. The day looked gloomy when they did so. मन्दायमाने वासरे when the day waned. This and the following clauses up to स्पष्टे प्रदोषसमये (p. 6 l. 18) are locatives absolute, the principal sentence being सावित्री सरस्वतीमवादीत् (p. 6 l. 19). मधुमद...भगवति when the holy (sun), the sole eye of the world, as red as the face (लपनं) of a very young monkey, quickly (क्षेपीयः) descended on to the peak of (the western) mountain, as if he (the sun) was tossed down by the angrily bent glances of loving women exhilarated by the intoxication of wine. The beauties flushed with wine were eager for the night. The natural descent of the sun to the western horizon is fancied as being due to his being thrown by the angry glances of the beauties. क्षेपीयः (comparative of क्षिप्र) is here used as an adverb. सं० explains the propriety of some words 'सम्भोगान्तरायकारी कथमयमद्यापि नास्तमेतीत्यतः कोपः। क्षिप्यमाणश्चातित्वरितं पतति...लोकेत्यादिना सम्भोगविघ्नकारित्वमेव प्रकाश्यते'. प्रस्नुतानि मुखानि (nipples of udders) यासां ताः ०मुखाः माहेय्यः तासां यूथस्य क्षरन्त्यः क्षीरधाराः ताभिःधवलितेषु that were white with the flowing streams of milk of the herds of cows the udders of which began to drip. 'माहेयी सौरभेयी गौः' इत्यमरः (मह्यते पूज्यते मह्य तस्या अपत्यं माहेयी—क्षीरस्वामी). आसन्नेन चन्द्रोदयेन उद्दामः (tumultuous) क्षीरोदः (क्षीरसागरः) तस्य लहरीभिः क्षालितेषु. उपशल्य out-skirts. 'ग्रामान्त उपशल्यं स्यात्' इत्यमरः. It is well-known that the waters of the ocean rise up at moon-rise. The oceans are said to be seven surrounding the seven द्वीपs. 'एते द्वीपाः समुद्रैस्तु सप्त सप्तभिरावृताः। लवणेक्षुसुरासर्पिर्दधिदुग्धजलैः समम्॥' विष्णुपुराण II. 2. 6. The reading प्रस्तुतमखमाहेयी० would mean 'cows that are useful for the sacrifices that were begun'. अपरा...रावते when ऐरावत starting on his afternoon stroll (प्रचारः) and having a chowric (on his head) was rending at his will (स्वैरं) the banks of the river (स्रवन्ती) of the gods, his tusks being reddened by striking against the golden sides (of the river). चामरिणि—chowries were placed on the

music of a lute. मन्दीकृता मन्दाकिनीद्युतिः येन that obscured the lustre of the Ganges. उपकण्ठभूमयः places in the neighbourhood. पक्ष...मे my heart has taken a liking to stay here. अभिनन्दितं (approved) वचनं यस्याः (*adj.* of सरस्वती). तथेति is to be connected with अभिनन्दित. सावित्री approved of सरस्वती's choice. तया = सावित्र्या (सह). ०मण्डपे...बबन्ध she fixed upon a bower as her house. उच्चितानि (gathered) अर्चनाय कुसुमानि यया. पुलिनपृष्ठे प्रतिष्ठापितं सैकतं शिवलिङ्गं यया. पञ्चब्रह्माणि पुरःसराणि यस्याः (*adj.* of पुष्पिकाम्) that was preceded by the पञ्चब्रह्म prayer. This is a prayer recited by the Brahmaṇas at the time of smearing the body with sacred ashes. The prayer is addressed to सद्योजात, वामदेव, तत्पुरुष, अघोर and ईशान. See ऋग्वेदि-ब्रह्मकर्म (भस्मधारणविधि). Compare शिवस्तुति 3rd verse '**महेश** महितोसि **तत्पुरुष** पूरुषाग्र्यो भवान**घोर** रिपुघोर तेऽनवम **वामदेवा**ञ्जलिः । नमः **सपदिजात** ते त्वमिति **पञ्चरूपो**चित प्रपञ्चचयपञ्चवृन्मम मनस्तमस्ताडय ॥'. सम्यङ् मुद्राबन्धः तेन विहितः परिकरः यस्याः (*adj.* of ०पुष्पिकाम्) which was preceded by the ceremony of properly intertwining the fingers and hands in worship. परिकरः 'beginning'. On मुद्राबन्ध note 'मुद्राविमुक्तहस्तेन क्रियते कर्म दैविकम् । यदि तन्निष्फलं तस्मात्कर्म मुद्रान्वितश्चरेत् ॥'. ध्रुवा गीतिः गर्भे यस्याः (*adj.* of ०पुष्पिकाम्) between the intervals of which she sang the ध्रुवा song. 'गीतिस्रुग्भेदयोर्ध्रुवा' शाश्वतः 4. The song was probably in the ध्रुवताल. अवनि...ध्यायन्ती contemplating all the eight forms *viz.* the earth, the wind, water (वनं), the sky, the fire, the sun (तपनः), the moon and the sacrificer. These are said to be the eight forms of शिव. Vide the first verse of the शाकुन्तल. अष्टपुष्पिका a bunch of eight flowers (with referene to the eight forms). Compare कादम्बरी 'अतिरोषणतया कदाचिद्दुर्न्यस्ताष्टपुष्पिकापातोत्पादितक्रोधेन' p. 227 of P. The commentators on the कादम्बरी say 'बकं द्रोणं च दुर्धूरं सुमना पाटला तथा । पद्ममुत्पलगोसूर्यमष्टौ पुष्पाणि शङ्करे ॥'. सं० also explains that अष्टपुष्पिका refers to the eight acts of worship each of which may be metaphorically called पुष्प. They are:—पार्थिवपुष्प *i. e.* smearing the deity with some fragrant substance, because गन्ध is the special quality of पृथ्वी; आप्यपुष्प *i.e.* bathing with water or milk, as रस is the special quality of अप्; तैजस० *i. e.* waving lights; वायवीय *i. e.* applying cooling unguents, as स्पर्श is the special quality of वायु; आकाशीय *i. e.* playing on musical instruments and singing, as शब्द is the special गुण of आकाश; मानस *i. e.* contemplation of the god S'iva; बौद्ध *i. e.* a firm idea that S'iva is all pervading, as the विषय of बुद्धि is निश्चय; आहङ्कारिक *i. e.* the knowledge of the non-difference of the soul from the Supreme, expressed by the Upanishads in the words

'अहं ब्रह्मास्मि'. अय...तेन that was obtained without effort. अमृत... स्वादिम्ना that tended (*lit.* desired) to surpass even nectar by its sweetness. अति...माणेन *pr. p.* of the desiderative base of शी with अति. स्वादिम्ना *Instru. sing.* of स्वादिमन् which is formed like पिङ्गलिमन् (notes p. 23). शरीर...रोत् she sustained her body. अतिवाहितः (passed) दिवसः यया. कल्पितं पल्लवानां शयनं यया.

P. 8 l. 31—**P. 9** l. 12 **एव...सन्ददर्श.** याम ... रवौ when the sun had gone up (in the sky) only for one watch. यामः means a period of three hours. 'द्वौ यामप्रहरौ समौ' इत्यमरः. ककुभि = दिशि. प्रतिशब्दैः (by the echoes) पूरितं वनगह्वरं (वनगुहा) येन. तुरङ्ग... ह्रादम् the sound (ह्रादः) of the neighing of horses. विकच...सङ्घातं mass of dust grey like the inner leaves of the blossoming Ketakī. नातिदवीयसि (*loc. sing.* of दवीयस् which is the comparative form of दूर) not very far from her. क्रमेण च—the principal sentence is क्रमेण च...पदातिबलेन सनाथमश्ववृन्दं सन्ददर्श. सामीप्येन उपजायमाना अभिव्यक्तिः यस्य that became distinctly visible the nearer it came. This qualifies अश्ववृन्दम्. शफरो...प्लवमानं floating in the dust grey like the belly of a fish, as though it were a school of crocodiles floating in water. शफ...सरे (with पयसि) means 'grey with the bellies of fishes'. प्लवमानं goes with ०वृन्दं below. पुरः प्रधावमानेन—this and the following clauses in the instrumental qualify ०बलेन below. प्रलम्बैः कुटिलैः कचपल्लवैः घटितं ललाटे जूटकं येन that had on their foreheads a mass of long curling hair. सं० says 'घटितललाटजूटा दाक्षिणात्येषु वेशः.' धवल...भित्तिना whose ample cheeks were smiling (*i. e.* bright) with the lustre of the white ear-ornaments (दन्तपत्रिका). पिनद्धाः कृष्णागुरुपङ्ककल्कस्य च्छुरणेन कृष्णशबलकषायाः कञ्चुकाः येन that had girt themselves in jackets dark, variegated and fragrant (कषाय) by being smeared with the paste (कल्कः-म्) of black aloe-wood. पिनद्ध is *past p. p.* of नह् with अपि, अ being elided in accordance with 'वष्टि भागुरिरल्लोपमवाप्योरुपसर्गयोः'. उत्तरीयेण कृतं शिरोवेष्टनं यस्य that had made their upper garments into turbans. वाम...कटकेन that had bright (स्पष्ट) golden bracelets (कटकः-कम्) placed on their left fore-arms (प्रकोष्ठः). Even now rich men sometimes wear golden bracelets on their left forearms. द्वि...धेनुना whose daggers (असिधेनुः) were fastened in firm knots of their sashes (पट्टिका) of double folded cloth. 'छुरिका चासिधेनुका' इत्यमरः. The daggers were fixed fast by having their handles wrapped in bandages of fine cloth which were doubled. अनवरतः व्यायामः (physical exercise) तेन कृशं कर्कशं (hard) शरीरं यस्य. वात...मानेन that leapt high again

(आसेचनकं दर्शनं यस्य) whose sight never satiated him *i. e.* though he saw him continuously, he wanted to see him more still. 'तदासेचनकं तृप्तेर्नास्त्यन्तो यस्य दर्शनात्' इत्यमरः (आसिच्यते आप्यायते दृगनेन आसेचनकं यस्य दर्शनात् दृग्न तृप्यति—क्षीर०). मातामहः—refers to शर्यात. मनोविनोदनम् that diverted or gave solace to his mind. विद्याः—see above p. 18. कलाः—The Kalās were said to be 64, such as नृत्त, गीत, आलेख्य. They are enumerated in वात्स्यायन's कामसूत्र (I. 3.). उपारूढं यौवनं यस्मिन्. अहमिव refers to शर्यात and असौ to च्यवन. सुगृहीतं नाम यस्य whose name is auspicious. भृत्यपरमाणुम् an atom of a servant *i. e.* an insignificant servant. अवधारयतु understand. आयान्तम्—refers to दधीच. मया...स्वामी my master made me his attendant. अभिसारः companion. अभिसारेण सह साभि० (बहुव्रीहि). Compare 'महासामन्तैः कृत्वा साभिसारम्' first para 5th उच्छ्वास. तद्धि... कुलम् that (of शर्यात) is a royal family to which we (*i. e.* I) have been hereditarily attached. C and T translate 'our royal house follows the rule of heredity'. This inverts the sequence of ideas. उत्तमानां...मन्दाक्षम् length (of service) produces in the good (in good masters) a certain amount of kindly (or partial) feeling even towards dependents. मन्दाक्षम्—partiality, connivance. मन्दं अक्षि इव यत्र मन्दाक्षम्, according to 'अक्ष्णोऽदर्शनात्' पा. 5. 4. 76. (अचक्षुःपर्यायादक्ष्णोऽच् स्यात्समासान्तः । गवामक्षीव गवाक्षः । सि. कौ.). He puts down this and the following sentences for showing that, though he is unworthy to be the confidential companion of the noble prince, yet his master favoured him for his long and faithful service. अ...महताम् inexhaustible indeed is the treasure of kindness in the great. इत...मात्रमिव only at the distance of about two kros'as from this place. This is accusative of distance. 'गव्यूतिः स्त्री क्रोशयुगम्' इत्यमरः (from गो + यूति according to the Vārtikas 'गोर्यूतौ छन्दस्युपसंख्यानम्' and 'अध्वपरिमाणे च' on 'वान्तो यि प्रत्यये' पा. 6. 1. 79.). पारेशोणम्—beyond the S'oṇa. शोणस्य पारे पारे०, according to 'पारे मध्ये षष्ठ्या वा' (पारमध्यशब्दौ षष्ठ्यन्तेन सह वा समस्येते । एदन्तत्वं चानयोर्निपात्यते । पक्षे षष्ठीतत्पुरुषः । पारेगङ्गादानय । गङ्गापारात् ।...सि. कौ.). स्व...देशम् the appellation of which was derived from his own name. निर्मितः व्यपदेशः यस्य. चैत्र...कल्पम् almost like चैत्ररथ. For the affix कल्प, *vide* notes on अष्टादशवर्षदेशीय above p. 55. चैत्ररथम् name of the garden of कुबेर, the lord of riches. 'अलकायाः बहिश्चान्यद्वनं चैत्ररथं प्रिये । योजनायुतविस्तीर्णं सर्वं कल्पद्रुमाकुलम् ॥'. तत् (काननं) अवधिः यस्याः. तद...यात्रा this our journey is to end there. यदि...परि if your courteousness accepts or seizes this moment (to do us a favour) or your heart entertains regard for us. गृहीतः क्षणः येन. अविद्यमाना अवहेला (disdain or contempt) यस्मिन्. भूमि...र्हो वा or if this person (*i. e.* I) is an object of favour (with you) or worthy of being listened to (by you). प्रथमः...हलस्य first request of curiosity (*i. e.* due to or out of curiosity). शुश्रूषवः desirous to hear. शुश्रूषु—from the desiderative base of श्रु with the affix उ, according to सन्-आशंस-भिक्ष उः' पा 3. 2. 168. ने...चरति this your (noble) form cannot fail to be (*i. e.* must be) divine. The idea is that there is an invariable concomitance between such nobility of form and दिव्यता. गोत्रनामनी family and name. स्पृहणीयतां नीतः was made an object of envy. सम...र्थानाम् who is a combination of mutually conflicting things. तथा हि for instance, to explain. It will be noticed that in the following four lines, the विरोध is only verbal, the words being श्लिष्ट and that in each case the incongruity is explained away by taking different senses of the same words. सन्नि...र्तिश्च-(1) सन्निहितः बालः अन्धकारः यस्याम् in whom fresh darkness was present; (2) सन्निहितः बालेषु अन्धकारः यस्याम् who had darkness (*i. e.* dark colour) present in her locks. (1) भास्वतः (सूर्यस्य) मूर्तिः यस्याम् in whom the sun was present; (2) भास्वती मूर्तिः यस्याः whose form was brilliant. Here if the first sense of the two words be taken, there is विरोध, but there is none if the second sense of each clause be taken. पुण्ड...मुखी (1) with a tiger in her face (पुण्डरीकः व्याघ्रः मुखे यस्याः); (2) with a face resembling a lotus. हरिणलोचना (1) having deer in her eye; (2) who had the eyes of a deer. 'व्याघ्रेऽपि पुण्डरीको ना' इत्यमरः. C and T following the com. take पुण्डरीक as 'lion'. बाला...धरा (1) possessing the lustre of the young sun; (2) bright like the lustre of the morning sun or having a lower lip lustrous like the morning sun. बालातपप्रभः अधरः यस्याः. कु...सिनी (1) possessing laughing night-lotuses; (2) whose smile is bright like कुमुदs. कुमुदs are white lotuses that open by night. There is विरोध in saying that she possessed the morning sunlight and also opening कुमुदs. But the विरोध vanishes if we say that her complexion was rosy like fresh morn and her smile was bright like कुमुदs. Smiles are poetically said to be white. कल...स्वना (1) that possessed the cackling of कलहंसs (कलहंसानां स्वनः यस्याम्); (2) whose voice was like that of a कलहंस (कलहंसस्य इव स्वनः यस्याः). स...धरा (1) that had clouds rising (समुन्नताः पयोधराः मेघाः यस्याम्); (2) whose bosom was high-swelling (समुन्नतौ पयोधरौ यस्याः). When there are clouds, the sound of कलहंसs cannot be heard, because

'प्रतिसरश्चमूपृष्ठे नियोज्यकरसूत्रयोः' हेमचन्द्रः. विधेय controlled by, at the disposal of. प्रीत्या...ते Through my affection I am dependent on you and at your disposal. व्या...क्षितम् lay open, fair lady, what you desire to say. विवक्षित *past p. p.* of the desiderative base of वच्. वरः वर्णः (complexion) अस्याः इति वर०. That word also suggests another sense 'one who describes the bridegroom I have chosen'. लोलु...ग्रामस्य (you know well) that the array of senses ardently hankers (after gratification). पारिप्लवता = चञ्चलता. अतो...मर्हसि hence you will please not blame me (*lit.* wait upon me with censure). न च...कारणम् my talkativeness is not due to my foolishness or fickleness or trickery. A चारण is a wandering actor, who has to change his appearance as occasion demands. Hence चारणता means धूर्तता. न...भक्तिः there is nothing that great devotion to one's master would not induce a person to do (*i. e.* a devoted servant would do anything for his master). अस्य कामो गुरुः Cupid is his teacher (*i. e.* he is learning the lore of Love). अस्य (दधीचस्य) is to be connected with each of the following clauses. Another sense is 'his Love (for you) is great (गुरु).' चन्द्र...शः the moon is the lord of his life (*i. e.* cools down his torment by its ambrosial rays). जीवितेशः also means 'Death'. The moon increases the excitement of those who are love-sick and thus may cause their death. Compare शाकुन्तल III. 'तव कुसुमशरत्वं शीतरश्मित्वमिन्दोर्द्वयमिदमयथार्थं दृश्यते मद्विधेषु ।'. The com. gives a third sense. As दधीच is called देव (king) above, he requires a पुरोहित. जीवितेश means पुरोहित. पुरोहित was the first of the ten ministers that constituted a king's council according to the S'ukranīti (See Sacred Books of the Hindus vol. 13 p. 68). So the meaning would be 'the moon is his first councillor.' मलय...हेतुः the wind from the मलय mountain (in the south) is support to him. उच्छ्वासहेतु means 'a source of consolation *i. e.* a friend'. It also means 'a cause of sighs.' The southern wind is an excitant of love and causes a love-sick person to heave deep sighs (उच्छ्वास). Compare 'तस्याश्चन्दनपरिमल इव दक्षिणानिलेन सह समागच्छति मोहः' का० p. 255 of P. मलय is one of the seven principal mountains of India 'महेन्द्रो मलयः सह्यः शुक्तिमानृक्षपर्वतः । विन्ध्यश्च पारियात्रश्च सप्तैते कुलपर्वताः ॥' वायुपुराण 45. 88. आध...स्थानेषु mental torments are in place of (*i. e.* occupy the position of) confidential persons. Another meaning is 'mental distress pervades his inside parts (*i. e.* his heart).' स...हृत् pain is his great friend. Another meaning is 'pain greatly harasses his life' (separate परम् + असु + हृत्) Or we may take 'परम् + अ—सुहृत्' (pre-eminently an enemy). प्र...प्तः wakefulness is his relative or friend. आप्त also means 'obtained,' the idea being 'he has secured wakefulness.' मनो...गताः yearnings are his spies. Another meaning is 'desires (for union with you) pervade him all round.' निः...सराः sighs are his vanguard (also 'sighs go in front of his body'). विग्रहः battle, body. मृत्यु...वर्ती Death is his personal attendant; also 'death stands near him' *i. e.* he will die if he be not united with you. He, being a prince, has death attending him (*i. e.* he condemns offenders to death). Compare 'यस्य प्रसादे पद्मा श्रीर्विजयश्च पराक्रमे। मृत्युश्च वसति क्रोधे सर्वतेजोमयो हि सः॥' मनु० VII. 11. रण... रकः Disquiet is his emissary; also 'his unrest makes him wander about.' सं० says 'द्विविधा हि चाराः संस्थाः सञ्चारकाश्च' (*i. e.* spies are of two kinds, those who stay in one place and those who move about from place to place). In सर्वगताः above we had the first kind of spies. सङ्क...वृद्धाः his fancies are the elders that instruct his intellect; also 'his fancies have increased, being incited by his intellect.' The idea is he listens to his fancies, as one would listen to the advice of elders. अनु.. वना If I were to say 'he is a good match for your ladyship', then it would be highly honouring oneself. In this and the following sentences, she puts forward several sentiments and finds fault with each as not being suited to adequately express her master's feeling towards सरस्वती. In saying 'अनुरूपो' &c., she would be regarded as only honouring her master, as being partial to him. That must be said by others and by सरस्वती. The words आत्म० also mean 'that is purely my own supposition' (not necessarily shared by सरस्वती and others). Bâṇa is very fond of passages in this strain. Compare हर्षचरित 3rd उच्छ्वास 'यामीति न स्नेहसदृशम् &c.' (text p. 54); 'अतिप्रियोऽसीति पौनरुक्त्यम् &c.' कादम्बरी p. 237 of P. शील...रुद्धम् If I were to say 'he is possessed of a noble character,' that would be in conflict with what he has now begun. A man of high character would not be over head and ears in love with a maiden seen only casually and would not send a दूती to her. धीर...रीतम् If I say 'he is firm or wise,' that would be inconsistent with his state (described by me already). सु...यत्तम् If I say 'he is blessed', that is in your hands. It is in your hands to make him happy by accepting him as your husband. सुभग means 'a person fortunate

the धातुवाद *i. e.* the transmutation of metals into gold, an alchemist. Vide notes above p. 55 as to mercury. दार्दुरिकः a potter, according to 'शब्ददर्दुरं करोति' पा. 4.4.34 (शब्दं करोति शाब्दिकः। दर्दुरं करोति दार्दुरिकः कुलालः). दर्दुर was a musical instrument like a drum. The word probably means 'a player on दर्दुर' like मार्दङ्गिक above. ऐन्द्रजालिकः juggler, illusionist. मस्करी = परिव्राजकः A Sannyāsin. 'भिक्षुः परिव्राट् कर्मन्दी पाराशर्यपि मस्करी' इत्यमरः. पतञ्जलि derives the word from मा and कृ. 'मा कृत मा कृत कर्माणि शान्तिर्वः श्रेयसीति आहातो मस्करी परिव्राजकः' महाभाष्य (Kielhorn Vol. III. p. 96). The word occurs in the 5th उच्छ्वास also. बाल...गतः being easily guided (led away) on account of his youth. निघ्न dependent, in the hands of others. 'अधीनो निघ्न आयत्तः' इत्यमरः. ०कौतुकेन आक्षिप्तं (drawn) हृदयं यस्य. उपात्त obtained. सति...सङ्गे in spite of the fact that his attachment to learning was unbroken. His self-willed action in wasting his valuable youth in wanderings made him a butt of ridicule to the great. अगाच्च—connect with उपहास्यताम्. निरवग्रहः being without any check. 'स्वच्छन्दो निरवग्रहः' इत्यमरः. ग्रह...यौवनेन as if possessed by his fresh youth. One possessed by a ghost does strange things. स्वैरिन् doing just as it pleases.

P. 19 l. 29–**P. 20** l. 5. **अथ...भवदिति**. अत्युदारा व्यवहृतिः यस्य whose conduct or dealing was very charming or noble. This would be an adjective of बाण. Some MSS. read ०हृतिमनोहन्ति 'charming on account of noble practices.' राजकुलानि courts. निर...द्योतितानि made illustrious by blameless lores. Vide notes p. 18 on निरवद्यविद्या. गुरुकुलानि schools. Mark the contrast between वीक्षमाणः and सेवमानः. महार्हैः आलापैः गम्भीराः (deep *i. e.* full) गुणवतां गोष्ठ्यः. महा...मानः attending the meetings of the meritorious that were full of valuable discussions. स्वभावेन गम्भीरा धीः धनं येषाम्. पुनर...भाजन् he again recovered that same scholarly attitude of mind which was appropriate to his family. विपश्चितः इयं वैपश्चिती. 'विद्वान् विपश्चिद्दोषज्ञः' इत्यमरः. ब्राह्मणाधिवास may be the name of Bāṇa's village, as प्रीतिकूट was the name of his home. ब्राह्मणाधिवास would also mean 'the resort of Brāhmaṇas.' अभिनवीभूतौ स्नेहसद्भावौ येषाम् whose affection and amiability were renewed. संस्तवेन प्रकटितं ज्ञातेयं (बन्धुता) यैः that manifested their relationship by being very intimate with him. 'संस्तवः स्यात्परिचयः' इत्यमरः. ज्ञातेय—from ज्ञाति, according to 'कपिज्ञात्योर्ढक्' पा० 5. 1. 127 (कापेयम्, ज्ञातेयम्)—ज्ञातेर्भावः कर्म वा ज्ञातेयम्. अभिनन्दितं अभिगमनं यस्य. आप्तैः relatives; those whose words are always true (Seers).

बाल...गतः being in the midst of the friends of his boyhood. The words may also mean 'going through the midst of the disc of the sun (मित्र) that has become mild.' The liberated soul was supposed to proceed through the sun on the path of liberation. Vide notes p. 21 on देवयान. The com. says that the sun's lustre is reduced at sight of a Yogin. "उक्तं च—'तपस्यन्तं रविं दृष्ट्वा निस्तेजा जायते रविः। मोक्षमार्गप्रयत्ने तु तेजो नैवास्य विद्यते ॥.''' इति—This is added to show that the chapter has come to an end.

would be disgusted with the smell of fat and would avoid sacrificing the tortoises. 'विस्रं स्यादामगन्धि यत्' इत्यमरः. अघृणाः also means 'pitiless.' स्व...भक्षयन्तः that swallowed up their own smoke as though through the fear of the rise of clouds. Clouds are dark like smoke. The poet fancies that the fires thought that smoke might form into clouds which bring rain and extinguish them. So the fires consumed their own smoke. Or we may explain differently. Smoke itself was supposed to form clouds. Compare 'धूमज्योतिःसलिलमरुतां सन्निपातः क्व मेघः' मेघदूत. सति...कक्षेषु—The fires burnt up the small insects on grass and thereby produced a crackling sound. Sesame also are small and produce a crackling sound when thrown into fire. 'कक्षौ च तृणवीरुधौ' इत्यमरः. प्लोषेण विचटन्तः वल्कलवत् धवलाः शम्बूकशुक्तयः येषु. श्वित्रिण...सरःसु that made the bi-valvular shells white like barks burst open by heat in dried-up lakes, like leprous persons. 'शम्बूका जलशुक्तयः' इत्यमरः. The shells in the beds of lakes were split by the heat and made a crackling noise. श्वित्रिणः persons suffering from white leprosy (श्वित्रम्). The skin (वल्कलं) of lepers is white like shells and cracks up owing to the burning sensation (प्लोषः) they feel. स्वेदि...काननेषु in forests they had showers of bees'-wax dropping from bee-hives that began to melt, as though they had perspiration. The drops of wax look like drops of perspiration. विलीयमानः मधुपटलगोलः तस्मात् गलितं मधूच्छिष्टं तस्य वृष्टिः येषां ते ०वृष्टयः. खल...षरेषु. ऊषरः-रम् barren saline soil. As nothing grew on the barren soil, the flames (शिखा) of the fires lost their thickness *i. e.* became gradually extinguished. A bald man (खलतिः) also has very scanty hair (शिखा) on his head. ज्वलितानि सूर्यमणिशकलानि येषु (*adj.* of शिलोच्चयेषु). गृहीत...च्चयेषु—The सूर्यकान्त emits fire when the sun blazes forth. In summer these stones began to blaze forth and their blaze mingled with the forest fires, which thus seemed to be devouring pieces of stones.

P. 23 ll. 23–29 **तथाभूते...इति.** अपराह्णसमये—connect with प्रविश्य and not with भुक्तवतः as C and T do. For पारशव, see above p. 89. चतुः...पतेः—this was a title applied to universal kings that ruled over the whole (known) world. Vide Intro. p. XV (last footnote). The earth was often spoken of as bounded by four oceans in the (principal) directions. Compare 'चतुरम्भोधिभोगभूतिभाजनस्य देवस्य' हर्ष० 7th उच्छ्वास. सकलं राजचक्रं

(राजसमूहः) तस्य चूडामणीनां श्रेणी (row) सा एव शाणः (touch-stone) तस्य कोणैः (corners) कषणं तेन निर्मलीकृताः चरणनखमणयः यस्य सः ०मणिः तस्य. Diamonds are made bright by being rubbed against शाणs. हर्ष's toe-nails were bright like jewels. When the feudatory kings bowed their crowned heads at the feet of हर्ष, the jewels in their crowns rubbed his toes and made his nails look brighter. धौरेयस्य = मुख्यस्य. 'धुरो यड्ढकौ' पा. 4. 4. 77. धुरं वहतीति धुर्यः धौरेयः. महा...श्वर०—these were the titles assumed by paramount kings. Compare the inscription of Harsha, Intro. p. XXVIII. and the 2nd footnote on p. XXXVI. of the Intro. भ्रात्रा—must mean here 'cousin.' प्रज्ञाततमः most famous. दीर्घाध्वगः *lit.* that goes a long distance *i. e.* a messenger.

P. 23 l. 30—**P. 25** l. 10 **अथ तेना...इति.** The first sentence is अथ तेन (भ्रात्रा) आनीयमानं...लेखहारकमद्राक्षीत् (p. 24. l. 1). अतिदूरागमनेन गुर्वी (heavy) जडा (slow) जङ्घा (leg) यस्य. कार्दमिकं चेलं (वस्त्रं) तस्य चीरिका (strip) तया नियमितं (bound, girt) उच्चण्डं (gaudy) चण्डातकं (tunic) यस्य. For चण्डातक, see above p. 69. कर्दमेन रक्तं कार्दमिकं (stained with mud). पृष्ठे प्रेङ्खन् (rolling) पटच्चरकर्पटघटितः गलितः ग्रन्थिः यस्य—who had a loose knot made of a strip (कर्पटः-टम्) of ragged cloth rolling on his back. The knot contained probably some coin. It was loose by long travel. 'पटच्चरं जीर्णवस्त्रम्' इत्यमरः. If we read गलग्रन्थिम्, then the meaning is:—he had round his throat a portion of a ragged garment, the rest being allowed to roll on his back. अतिनिबिडसूत्रबन्धे निम्नितं अन्तरालं तेन कृतः व्यवच्छेदः यस्याः. The letters he carried were tied in the middle by a thick thread. Thereby the middle part was much depressed (निम्नित) and the bundle of letters was thus divided into two distinct portions. व्यवच्छेदः division. लेखमालिकया—there were many letters, sent with him by other people also. Or it is possible that because the letter was placed on the head, the author compares it to a chaplet. परिकलितः (occupied) मूर्धा यस्य. तत्रभवतः पूज्यस्य. 'पूज्ये तत्रभवानत्र भवांश्च भगवानपि.' तत्रभवत् is applied to a person who is not present. विमुच्य having unloosened it. मेखलक was the name of the messenger. सन्दिष्टमवधार्य having understood the message. फल...पातः loss of time should be avoided by the wise, as it hinders the (desired) object. धीमद्भिः—refers to Bāṇa. एता...मात्रकम् this is the only substantial thing in this letter; all else is merely communication of (ordinary) news. मेखलक was to deliver the real message orally. The letter contained only one important

The blue topaz would look like charcoal. If it was reddish, then it would look like a live piece of coal or like Mars (अङ्गारक). The next sentence is कैश्चि...शत्रुमहासामन्तैः समन्तादासेव्यमानम् (l. 34). कैश्चि...विशद्भिः some did not get admission, hung down their heads (on that account) and seemed, under the guise (निभः) of the image of faces reflected in the nails of their feet, to enter their own bodies through shame. 'निभस्तु कथितो व्याजे पुल्लिङ्गः सदृशे त्रिषु' मेदिनी. As they hung down their faces, the latter were reflected in the bright toe-nails. The poet fancies that through shame they entered their own bodies in the shape of reflections. कैश्चि...र्पयद्भिः under the guise (व्याजः) of the pencil of the rays of the nails of their hands that were scattered about, some (kings) seemed to hand over chowries for service to the earth which they scratched with their fingers. To scratch the earth is inauspicious. The vanquished kings, being deeply engrossed in sad thoughts and having nothing to do, drew lines on the ground with their nails. The rays of the bright nails resemble chowries. The poet fancies that chowries were handed over to the earth (poetically represented as the queen of a king) that the latter might thereafter serve king Harsha with the chowrie. 'रेखानिर्माणमुर्व्यां च्छदतृणलवनं पादयोश्चाप्यपूजा दन्तानामप्यशौचं वसनमलिनता रूक्षता मूर्धजानाम्। सन्ध्यायुग्मे च निद्रा विवसनशयनं ग्रासहास्यातिरेकः स्वाङ्गे वाद्यं च पुंसां निधनमुपनयेत्केशवस्यापि लक्ष्मीम् ॥'. उरःस्थले दोलायमानः इन्द्रनीलतरलप्रभापट्टः येषाम्. तरल is the central gem in a necklace. 'तरलो हारमध्यगः' इत्यमरः. कैश्चि...पट्टैः—the rays of the blue sapphire resemble a sword blade. The poet fancies that the kings had suspended from their necks swords (instead of carrying them in their hands) in order to propitiate their lord (हर्ष). तरल (=चञ्चल) suggests that the swords flashed like sapphires. कैश्चि...श्मश्रुभिरिव—the bees hovering round their faces are fancied to be the beard allowed to grow through grief at the loss of their kingdoms. One who is in mourning for the death of a relative does not shave himself. शेखरे (chaplet) उड्डीयमानं मधुपमण्डलं येषाम्. ०भयेन पलायमानः मौलिः (crown of the head) येषाम्. The bees on the white chaplet are fancied to be their heads (with the dark hair growing on them) running away for fear of having to submit to the humiliation of bowing at Harsha's feet. अविद्यमानं (हर्षात्) अन्यत् शरणं येषाम् that have no protector other than हर्ष. Another sense is (अविद्यमानं अन्यस्मात् शरणं रक्षणं येषाम्) 'who are not protected by any one else'; with this latter sense we have to construe संमानितैरिव—they were as though honoured because they did not require another to protect them. 'शरणं रक्षणे गेहे वधरक्षकयोरपि' हेमचन्द्रः. अन्तरान्तरा from time to time. निष्पतताम् coming out. आन्तर...पृच्छद्भिः that ceaselessly (अश्रान्त) asked again and again the servants that accompanied inner doorkeepers after whose track ran thousands of suppliants. अद्य भविष्यति will it be to-day ? भुक्तं आस्थानं यस्मिन्. भुक्ता...कक्ष्याम् will the emperor grant an interview after sitting in the audience-hall ? Will he come out into the outer court ? भुक्तं आस्थानं यथा स्यात्तथा or भुक्तं आस्थानं यस्मिन्. We may take 'अद्य...स्थानं' as one sentence and translate 'will there be an audience hall (*i. e.* will he hold his court) after taking his dinner ?' If we read भुक्त्वास्थाने, the meaning is 'will he, after taking his dinner, grant an interview in the audience-hall ?' The king was to enter the hall of justice after taking his dinner. 'भुक्तवान् विहरेच्चैव स्त्रीभिरन्तःपुरे सह । विहृत्य तु यथाकालं पुनः कार्याणि चिन्तयेत् ॥' मनु० VII. 221. आसेव्यमानम्—qualifies राजद्वारम्. Connect महीपालैः with अध्यास्यमानम् (occupied). प्रति...कालम् that waited for the time when the emperor would be seen. एका...विष्टैः sitting in a spot by themselves. जैनैः आर्हतैः—we must understand the Bauddhas by जैनैः as आर्हतैः follows. जिन and अर्हत् are epithets that are applied to the founders of both Jainism and Buddhism by their followers. But in the usage of Brahmanical writers आर्हत stands for the system of महावीर (as in आर्हतदर्शन in the सर्वदर्शनसंग्रह). So जैनैः is equal to बौद्धैः. Compare 'न जिनस्येवार्थवादशून्यानि दर्शनानि' below (text p. 35. ll. 25-26). पाशुपतैः—The पाशुपतs are a sect of माहेश्वरs. For a brief statement and refutation of the पाशुपत system see शारीरकभाष्य on वेदान्तसूत्र II. 2. 37. *ff*. According to them शिव is called पशुपति (the lord of पशुs *viz.* the जीवs) and is only the निमित्तकारण of the world. पाराशरिभिः—for the meaning, see above p. 90. वर्णिभिः—वर्णिन् means 'ब्रह्मचारिन्' (from वर्ण + इन्) 'वर्णिनो ब्रह्मचारिणः'-according to 'वर्णाद्ब्रह्मचारिणि' पा. 5. 2. 134. For a longer list of the followers of various sects, see हर्ष० 8th उ० 5th para. सर्वदेशेषु जन्म येषाम्. सर्व...दूतमण्डलैः we know that ambassadors used to be sent to Indian courts by kings of Persia, Greece, Rome &c. In the frescoes in the caves of Ajanta there is a representation of a Persian embassy. सर्व...पतीनाम्—there were so many people of various tribes and nations that it seemed as though it was the place where the primeval sages created beings of various kinds. For प्रजापतिs, see above p. 18. It was these ten

gate of ivory. सदन्तः तोरणः यस्य. 'तोरणोऽस्त्री बहिर्द्वारम्' इत्यमरः. दन्तौ च तोरणं च तैः सह. A गिरिदुर्ग (hill-fort) is stationary. The elephant is like a difficult (दुर्ग) hill or affords protection like a hill-fort, but is moving (सञ्चारि). उच्चौ कुम्भकूटौ अट्टालकौ इव ताभ्यां विकटम् formidable with his tower-like high temple bones (कुम्भकूट) (with दर्पशात); a hill fort is formidable with कूटs and towers. 'अट्टालकः प्राकाराग्रे रणगृहमिति कौटिल्यः' क्षीर०. 'कूटं पूर्द्वारि यद्धस्तिनखस्तस्मिन्' इत्यमरः ('दुर्गद्वारावतरणार्थः क्रमनिम्नो हस्तिनखाभो मृत्कूटः' क्षीर०) *i. e.* it is a sloping earthen mound at the gate of a fort. The elephant was dark and strong like an iron rampart (प्राकारः) and served to protect the earth as a rampart does. कृतानि अनेकबाणैः विवरसहस्राणि यस्मिन्—the elephant was pierced in battle by arrows. कृतानि अनेकबाणविवरसहस्राणि यस्मिन् in the fort-wall, there were loopholes for discharging arrows. The com. says this is called इन्द्रकोश in चाणक्य's work. 'Between the tower and the broad street there shall be constructed an Indrakosha which is made up of covering pieces of wooden planks affording seats for three archers' अर्थशास्त्र (English Translation) p. 58. दर्पशात is called पारिजातपादप for two reasons. He belonged to the king (भूनन्दनः) and had bees humming (over his ichor). नन्दन, the garden of इन्द्र, has पारिजात which is pursued by bees (शिलीमुखः). भूः एव नन्दनं or भुवः नन्दनः. For भूनन्दन (prince), see 4th उच्छ्वास first para. In a music hall, there is dancing. The loud flapping of दर्पशात's ears resembled ताण्डव. आपा...ण्डलानाम् a drinking saloon for the swarms of bees. मधुप also means 'drunkards.' Amorous sports (शृङ्गार) and ornaments are seen in the ladies of the harem. दर्पशात also had ornaments and शृङ्गार (marks with vermilion on the head and trunk). 'शृङ्गारं चूर्णसिन्दूरलवङ्गकुसुमेषु च' विश्वः. In the festival of Cupid (which is now celebrated in फाल्गुन) there is dancing through intoxication of youth (or drink). दर्पशात was full of graceful movements (लीलालास्य) due to being in ichor. अक्षुण्णप्रदोषम्—on a clear (*lit.* untrodden) night, the stars are visible. दर्पशात had the नक्षत्रमाला ornament, for which see text p. 30 l. 23. मदः एव महानदीपूरः तेन प्लवः (flooding). दर्पशात emitted floods of ichor even without the proper season of rain. सप्तच्छद—The tree सप्तच्छद (Marathi सातवीण) blossoms in शरद् and ichor has an odour resembling its flowers. *Vide.* रघु० IV. 23. 'प्रसवैः सप्तपर्णानां मदगन्धिभिराहताः। असूययेव तन्नागाः सप्तधैव प्रसुस्रुवुः ॥.' Dew (नीहारः) is found only in the cold season; but dewy spray (from the trunk) was emitted by him at all times. A cloud thunders. The elephant produced thunder-like trumpetings. 'आडम्बरस्तूर्यरवे गजेन्द्राणां च गर्जिते' इत्यमरः.

P. 31 l. 23—**P. 35** l. 17 आसी...द्राक्षीत्. नून...णुताम् surely in creating this elephant, hills were used as atoms. Ordinarily the size of atoms from which all things are produced is atomic. But the elephant was so vast that it seemed impossible that atoms could make his huge body. So hills must have been taken as the smallest constituents which went to make up his body. विन्ध्य...करः—this is a hyperbolical description. The idea is:—बाण saw the firm and stout tusks and the formidable trunk. The elephant was massive and strong like the विन्ध्य mountain. The strikingness consists in assigning tusks to a mountain. दन्त suggests 'peak'. दर्पशात was powerful like the primeval Boar. The Boar had no कर (hand); but दर्पशात had a कर (trunk). **Verse 4**. Read 'लिखतां' for लिखिताम्. This verse is full of puns and is applicable to दर्पशात (the best of elephants) and also to the king. The principal portion is विद्विषां कथमपि स्मृतिपथं आयातः नागेन्द्रः मान...नपि न सहते—When this big elephant is somehow remembered by the enemies (of the king हर्ष), he (दर्पशात) does not brook even the hope-elephants in their minds *i. e.* the high hopes (of regaining their kingdoms) crumble to nothing the moment they remember the prowess of दर्पशात. The words मान... गजेन्द्रानपि also mean 'he does not brook the (presence of) दिग्गजs residing on the मानस lake'. आशा = दिशा. शून्यीभवत् चेतः येषाम्—whose minds are vacant and who therefore are totally at a loss what to do. आलिखताम् (*adj.* of विद्विषाम्). मि...श्रियम् who vainly paint in their desires their royalty which is totally lost to them. They build high hopes of regaining what they have lost. चिन्ता... धियाम् (1) whose intellect is distracted by thoughts that are simply a source of anxiety; (2) whose minds are overwhelmed with thoughts (चिन्ता) and imaginings as to the means (of regaining their lost kingdoms). वने that were banished in the forests. King Harsha also does not brook the hopes they entertain, the moment he is remembered. The metre is शार्दूलविक्रीडित. तेन = दौवारिकेण. ०जलेन पङ्किलः (dirty, soiled) कपोलपट्टः तस्मिन् पतिताम् (*adj.* of दृष्टिम्). दृष्टिमाकृष्य—बाण took away his eyes with difficulty from the elephant. One who is मत्त may fall in dirt and has half-closed (मुकुलित) eyes, and has to be dragged out of mire by his friends. सङ्कुलानि crowded. क-

with knit brows through mutual jealousy. The dark pupils of their eyes resembled the इन्दीवर on the ears and so grew jealous of them and shot glances at them. अनिमेषं दर्शनं तस्य सुखरसः तस्य राशिम् (हर्षम्). मन्थरितं (made motionless) पक्ष्म यस्य. अनिमेष... वहन्तीभिः-the idea is:—they looked with a steadfast eye at him, whereby they derived immense pleasure. He was also reflected in their bright cheeks. The poet fancies that his reflection on the cheeks was due to his being drunk by them with their eyes. A रसराशि (mass of water) may be reflected in a bright-surface like that of a jewel. If we read ०राशिमन्थरित०, that yields a good sense. ०सुखराशिना मन्थरितं पक्ष्म यस्य. We need not in this case take ०राशि as referring to हर्ष. अभि...स्मितैः with their causeless (*i. e.* spontaneous, natural) smiles in their playful longings. Smiles are bright like moonlight. The moon is a friend (an excitant) of Love. *Vide* p. 81. साहायकं (from सहायः) assistance. So far the author described the various charms of the dancing girls and the various tricks they employed to captivate the king's mind. But they failed in their object. अङ्गभङ्गवलने अन्योन्यघटिताः उत्तानाः करवेणिकाः ताभिः—they bent their limbs in various modes (while dancing); in doing so they intertwined the fingers of their hands and opened them towards the king. Their fingers cracked. When we want to crack our finger-joints, we intertwine our fingers and push the palms out. The intertwined hands look like वेणिका (braid). स्फुटनेन मुखराणि अङ्गुलीकाण्डानि तेषु कुण्डलीक्रियमाणः नखदीधितिनिवहः तस्य निभेन (under the guise). अकिञ्चित्कर of no use. The idea is:—When their fingers cracked the rays of the bright nails formed a curve over them. That curve looked like a bent bow. The poet says that it was not their fingers that they cracked, but that it was the bow of Cupid that was snapped by them in anger, as it was of no avail against हर्ष. वार...सर्वतः—If his सौभाग्य was eclipsed by them, they must have been very handsome indeed. स्पर्शेन स्विन्नं (perspiring) वेपमानं करकिसलयं तस्मात् गलितं चरणारविन्दं यस्याः. चरणग्राहिणी the woman that shampooed his feet. The woman on touching his feet became thrilled with emotion and perspired and his feet slipped from her hands. स्वेद and वेपथु are among the eight सात्त्विकभावs. Vide p. 79. कोणेन with the bow (of a lute) or fiddle-stick. 'कोणो वीणादिवादनम्' इत्यमरः. विहस्य he laughed because he understood why she let slip his foot fpom her hand and struck her with the कोण by way of a mild chastisement. लीलया अलसं (slowly) यथा स्यात्तथा. अनवरतं करे कलितः (held) कोणः येन सः ०कोणः तस्य भावः ०कोणता तया. प्रिया—both the lute and श्री were dear to him. शिक्षयन्तम् teaching. कोण also means 'a point of the compass' *i. e.* a region. The meaning (with श्री) is 'who held all the regions and thus taught the राजश्री of the whole world (to attend on him).' निःस्नेह...गृह्यमाणम्—the idea in this clause is that though हर्ष was good and virtuous, yet various persons and things found fault with him, as he could not make them his own. Though one he looked different to different eyes. Understand गृह्यमाणम् after each sub-clause. निःस्नेह...धनैः Riches took him to be wanting in affection *i. e.* he had no regard for lucre. अना...दोषैः—sins found him inaccessible. निग्रहे रुचिः (liking) यस्य who was bent upon curbing (the senses). निग्रहः also means 'punishment or imprisonment'. दुरु...कलिना—the age of sin and discord found him difficult to approach. नीरस...व्यसनैः vices found him to be नीरस (dry, passionless) *i. e.* he had no vice in him. भीरु...शसा *i. e.* he was afraid of infamy. दुर्ग्रहा चित्तवृत्तिः यस्य—whose mind was difficult to seize or understand. चित्तभुवा = मदनेन. Cupid could not sway his mind. स्त्रीपर...सरस्वत्या—To be स्त्रीपर (*i. e.* स्त्रीलम्पट) is ordinarily a blemish. सरस्वती found that he was solely devoted to woman, *viz.* herself *i. e.* he was a single-minded votary of learning. C and T suggest that स्त्री refers to लक्ष्मी but that is not good. षण्ढः impotent. काष्ठा...यतिभिः the ascetics found him to be a काष्ठामुनि. We see that all the words in this clause convey some apparent defect, which, on being properly understood, turns out to be a merit. So काष्ठामुनि should be taken to mean 'an ascetic only for a moment'. काष्ठा is $\frac{1}{30}$ th of a कला. 'अष्टादशनिमेषास्तु काष्ठा त्रिंशत्तु ताः कलाः' इत्यमरः. काष्ठा also means दिशा. So काष्ठामुनि would mean the same thing as राजर्षि. The com. assigns another meaning 'काष्ठा परा धारा (highest limit) तत्प्रधानो मुनिः काष्ठामुनिरतिशयवांस्तपस्वी'. धूर्तः clever, gambler. He does not fall a victim to the wiles of वेश्याs. नेयः easily led (*i. e.* misled); doing as his friends desire. कर्मकरः a mere servant; who performs the proper rites. Read शत्रुयोधैः. सु...योधैः the warriors opposed to him found that he was सुसहाय. शोभनाः सहायाः यस्य who has good allies or councillors. This is good; but the apparent defect that is suggested is 'he has no intrinsic worth; he has only good allies'. शन्त...पतिम्—he was more truly a महावाहिनीपति than शन्तनु. महावाहिनी great army; the great river

the tribe of हंसs as guests by offering them clear water. धौतासिनिभं (०सदृशं) नभः यस्मिन्. In शरद् the sky is blue and clear. भास्वरः भास्वान् (सूर्यः) यस्मिन्. शुचिः शशी यस्मिन्. In the rains the moon is obscured by clouds. तरुणः (young, bright) तारागणः यस्मिन्. गलत् (disappearing) सुनासीरस्य (इन्द्रस्य) शरासनं (धनुः) यस्मिन्. Rain-bows are seen when there are clouds. For सुनासीर, see pp. 17–18. सीदत् (vanishing, sinking) सौदामन्याः (विद्युतः) दाम (streak, girdle) यस्मिन्. दामोदरनिद्रायै दुह्यति इति that (शरद्) was an enemy to the sleep of विष्णु. दाम उदरे यस्य (दाम्ना उदरे बद्धः). *Vide* विष्णुपु० V. 6.20 for derivation. विष्णु was supposed to fall asleep in आषाढ for the four months of the rainy season and to get up in कार्तिक. Compare 'शापान्तो मे भुजगशयनादुत्थिते शार्ङ्गपाणौ' मेघदूत; 'जलधरसमयमिव वनगहनमध्यसुखसुप्तहरिम्' कादम्बरी p. 40 of P; 'न खलु सांप्रतमाचरति जलशयनदोहदं देवो रथाङ्गपाणिः' कादम्बरी p. 124 of P. द्रुतं (running, flowing) वैदूर्यवर्णं (of the colour of *lapis lazuli*) अर्णः (water) यस्मिन्. घूर्णमानाः (rolling about) मिहिकावत् लघवः मेघाः तैः मोघः (idle) मघवा (इन्द्रः) यस्मिन् मिहिका fog, dew. The clouds, if at all seen, are very light in autumn and hardly any rain falls. So इन्द्र, the lord of rain, is then idle. निमीलन्तः (closing) नीपाः यस्मिन्. नीप is कदम्ब. A कदम्ब tree puts forth buds in the rainy season. Compare 'मरुन्नवाम्भःप्रविधूतसिक्ता कदम्बयष्टिः स्फुटकोरकेव ॥' उत्तररामचरित III. 42; 'कुड्मलितकदम्बतरौ...नभसि मासि' हर्ष० 4th उ०, 11th para. नि...कुटजे—कुटज trees blossom in the rains. निर्मु...कन्दले when the plantain puts forth no buds. मधुस्यन्दि इन्दीवरं (blue lotus) यस्मिन्. कह्लारैः (water-lilies) आह्लादिनि. शेफालिकया शीतलीकृता निट् (रात्रिः) यस्मिन्. यूथिकाभिः (jasmine) आमोदिनि. मोदमानैः कुमुदैः (white night lotuses) अवदाताः (सिताः) दश दिशः यस्मिन्. सप्तच्छदानां धूलिभिः (pollen) धूसरः समीरः (wind) यस्मिन्. For सप्तच्छद, see above p. 136. स्तबकितैः (formed into bunches) बन्धुरैः (lovely) बन्धूकैः आबध्यमाना अकाण्डसन्ध्या (sudden evening hues) यस्मिन्. बन्धूक is a red flower. नीराजिताः वाजिनः यस्मिन्. The नीराजन ceremony was performed in शरद्. For नीराजन, see p. 34. *Vide.* रघु० IV. 24–25. उद्दामाः (wild, unchecked) दन्तिनः यस्मिन्. दर्पेण क्षीबं (intoxicated) औक्षकं यस्मिन्. औक्षकम् multitude of oxen. 'उक्ष्णां संहतिरौक्षकम्' अमरः. It is derived from उक्षन् *(m)* with affix वुञ् according to 'गोत्रोक्षोष्ट्रोरभ्रराजराजन्यराजपुत्रवत्समनुष्याद्वुञ्' पा. 4. 2. 39. (एभ्यः समूहे वुञ् स्यात्). क्षीयमाणं पङ्कस्य (mud) चक्रवालं (समूहः) यस्मिन्. बालपुलिनैः (small islands) पल्लवितानि सिन्धूनां (नदीनां) रोधांसि (banks) यस्मिन्. The waters having receded, small islands are formed in the rivers in शरद्. परिणामेन (by being ripe) आश्यानाः (partially dry)

श्यामाकाः यस्मिन्. जनितं प्रियङ्गुमञ्जरीषु रजः (pollen) यस्मिन्. कठोरा त्रपुसत्वक् यस्मिन्. त्रपुसं cucumber. कुसुमैः स्मेराः शराः (reeds) यस्मिन्.

P. 38 ll. 17—30 **समुप...इति.** समुपलब्धः भूपालात् (हर्षात्) संमानातिशयः तेन परितुष्टाः. ज्ञातयः kinsmen. श्लाघमानाः applauding. कांश्चि...मानः—he bowed to those that were older than himself and was saluted by those that were younger. Explain each of the following pairs similarly. सम्भ्रान्तेन (excited, flurried) परिजनेन उपनीतं (brought). आसनं...भेजे he took his seat after his elders had taken theirs. भज...त्कारं accepting the hospitality consisting of flower offerings &c. कच्चि...यूयम् have you been happy all these days? (I hope you have &c.). अप्रत्यूहा = अविघ्ना. सम्यक्करणेन परितोषितं द्विजचक्रं यस्याम्. अप्र...क्रिया does the performance of sacrifice proceed without obstacles, gratifying the groups of Brāhmaṇas by its proper procedure? क्रतोः इयं क्रातवी. यथा...भुजः do the fires consume the oblations accompanied by faultless mantras as prescribed (in works on ritual)? अविकलान् मन्त्रान् भजन्ते इति भाञ्जि (हवींषि). A मन्त्र is अविकल (perfect, entire) when it is recited with correct accent and without slurring over any letter. Compare '**मन्त्रो हीनः स्वरतो वर्णतो** वा मिथ्याप्रयुक्तो न तमर्थमाह। स वाग्वज्रो यजमानं हिनस्ति यथेन्द्रशत्रुः स्वरतोऽपराधात्॥' शिक्षा. अविच्छिन्नः unbroken, continuous. कच्चि...योगः. Is there (I hope there is) the same intent application as in years long past to the practice of यज्ञविद्या (the lore of sacrifice)? अभियोगः—'आभिमुख्येन उद्यमः' क्षीर०. परस्परस्पर्धानुबन्धेन अवन्ध्यः (not useless, fruitful) दिवसः तेन दर्शितः आदरः येषु. The words सः, तानि, सा are used in the sense of प्रसिद्ध. तान्येव...मण्डलानि are there the same assemblies for the exposition of grammar, showing their regard (to the study of व्याकरण) by days rendered fruitful by continuous emulation of each other? Each one of the assembly tried to excel the others in the exposition of knotty points of grammar. On व्याख्यान, the महाभाष्य says 'न केवलं चर्चापदानि व्याख्यानं वृद्धिः आत् ऐजिति। किं तर्हि। उदाहरणं प्रत्युदाहरणं वाक्याध्याहार इत्येतत्समुदितं व्याख्यानं भवति' (Kielhorn Vol. I. p. 11). परित्यक्तं अन्यकर्तव्यं यस्याम् which disregarded all other occupations. प्रमाणगोष्ठी assembly or society for the discussion of the means of knowledge. This refers to logic. The very first topic for treatment mentioned in the first Sūtra of the न्यायसूत्र is प्रमाण. Generally four प्रमाणs are mentioned *viz.* प्रत्यक्ष, अनुमान, उपमान and शब्द. मन्दीकृतः इतरशास्त्रेषु रसः (liking) येन. मीमांसा—refers

that of an atom. बद्धहृदयम्—refers to Bāṇa. For ब्रह्मस्तम्भ, see above p. 102. परिमितेषु वर्णेषु वृत्तिः (वर्तनं, जीवनं) येषाम् that are produced by a small number of letters; that subsist upon &c. The letters of the alphabet which go to make up words are very few. संख्यामतिगच्छन्ति numberless. वाचस्पतेः=बृहस्पतेः. अगोचरः=अविषयः. सरस्व...भारः even the goddess of speech will find this (narration of हर्षचरित) a very heavy burden. अविकलम् entire. एक...वयम् if your curiosity will be satisfied with a part, then I am ready. अधिगताः कतिपयाक्षरलवाः तैः लघीयसी which is light by having acquired a few drops of letters. जिह्वा was originally जड (when बाण was a child), but later on it acquired agility. What is nimble can turn in any direction. किमन्यत्—what more (can be desired)? This is the best combination to induce a person to wax eloquent. परि...दिवसः the day is almost ended. पश्चाल्लम्बमानाः कपिलकिरणाः एव जटाभारः तेन भास्वरः—(1) brilliant with the tawny rays, resembling matted hair, that hang down in the west (with पूषा); brilliant with matted hair hanging behind resembling the tawny rays of the evening sun (with रामः). भगवान् goes with रामः and पूषा. भार्गवो रामः—Rāma of the भृगु race *viz.* परशुराम. महाह्रदे in the great lake. निमज्जति sinks; bathes. पूषा the sun. समन्त...ह्रदे—As to the extirpation of the क्षत्रियs by परशुराम, see 'परशुराममिव क्षत्रक्षपणक्षीणपरशुपाशचिह्नितं' हर्ष०4th उ० and notes thereon. परशुराम accumulated the blood of the slaughtered क्षत्रियs in five lakes. 'त्रिःसप्तकृत्वा पृथिवीं कृत्वा निःक्षत्रियां प्रभुः। समन्तपञ्चके पञ्च चकार रुधिरह्रदान्॥ स तेषु तर्पयामास भृगून् भृगुकुलोद्वहः।' वनपर्व 117. 9–10; see also आदिपर्व 2. 3–5. Bāṇa very frequently refers to the story of परशुराम. समन्तपञ्चक was in कुरुक्षेत्र. Compare 'जामदग्न्येन च शाम्यन्मन्युशिखिशिखासज्वरसुखायमानस्पर्शशीतलेषु क्षत्रियक्षतजह्रदेष्वस्नायि' हर्ष० 6th उ०. तथा...पद्यन्त they assented with the words 'let it be so'.

P. 41 ll. 19—32 अथ...गच्छत्. The first sentence is 'अथ...प्रदोषारम्भे...बन्धुमिश्र सार्धं तयैव गोष्ठया तस्थौ (बाणः). मधुमदेन (by the intoxication of wine) पल्लविताः (reddish) मालवीकपोलाः तद्वत् कोमलः आतपः (glow) यस्य. मालवी a lady from Malva. मुकुलितेऽह्नि when the day had closed (*lit.* folded itself like a bud). कम...लम्बमाने when the sun hung down kissing darkness, being very red as though through the closing of the lotus plants. The idea is:—when the sun was about to set, the day lotuses closed their petals. The poet fancies that the sun, on finding that the कमलिनीs did not respond to his feelings, became angry (red)

16

and began to kiss darkness instead (in revenge against the कमलिनीs). रवि...तमसि when darkness came hurrying on in the sky following the track of the horses of the Sun, as though it (तमः) were Yama's buffalo. The simple idea is that the east first became dark and that darkness gradually spread over the whole sky up to the western horizon. A buffalo is dark and Yama's buffalo must be particularly so. गृह...वल्कलेषु when the bark garments hanging from the roofs (पटलं) of the huts (कुटीरकः) of house ascetics were removed along with the patches (च्छेदः) of the red sunglow. Ascetics may wander from place to place or may have a fixed abode. They had exposed the garments for drying and removed them at nightfall. The lingering red glow also vanished. कलेः कल्मषं (पापं) मुष्णाति इति ०मुष् तस्मिन्. पुष्णाति *loc. sing* of *pr. p.* of पुष् 9th con. गगनं object of पुष्णति. कलि...धूमे when the smoke issuing from the places where the sacred fire was kindled filled (*lit.* nourished) the sky, the smoke that removed the sins of the Kali age. सनियमे that had undertaken the performance of some vow. 'नियमस्तु स यत्कर्मानित्यमागन्तुसाधनम्' इत्यमरः. मौनव्रतं अस्ति अस्य इति ०व्रतिन्. वि...लोले restless because it was the time for amusing themselves (by moving about here and there). Just when the sun went down, the house-wives had some time which they spent in strolling about. विकीर्यमाणाः हरिताः श्यामाकशालिपूलिकाः यासाम् before whom were spread green bundles of the hay of श्यामाक corn. दुग्धासु that had been milked. कपिला a cow (from its tawny colour). वैतान sacrificial (from वितान). 'क्रतुविस्तारयोरस्त्री वितानम्' इत्यमरः. तनूनपात्=अग्निः (तनूं देहं न पातयति इति). पूते विष्टरे (आसने) उपविष्टे. कृष्णाजिनेन जटिले looking hairy with antelope skin. जटिन् ascetic wearing matted hair. ब्रह्मासनं अध्यास्ते इति ०सिन्. ब्रह्मासन means a posture of the body for profound meditation. It seems that ब्रह्मासन was a generic name applicable to any आसन, such as पद्मासन. 'ध्यानयोगासने ब्रह्मासनम्' अमरः (ब्रह्मणः सम्बन्धि आसनं ब्रह्मासनम्; ध्यानस्य योगः उपायः ध्यानमेव योगः इति वा तस्यासनम्). Some define it as 'एकपादमुरौ दत्त्वा तिष्ठेद्दण्डाकृतिर्भवेत्'. तालध्वनिभिः धावमानाः अन्तेवासिनः शिष्याः यस्मिन्. The meaning is that the disciples came running and clapping their hands (as boys would do) or that the disciples came running, being called by the clapping of their preceptors' hands. अलस...मतेन under the supervision (*lit.* with the permission) of languid and old teachers of the Veda. गलन्तः ग्रन्थदण्डकाः तान् उद्गिरति इति or गलन्तः ग्रन्थदण्डकाः यथा

प्रजापति. *Vide* notes p. 18. The प्रजापतिs were entrusted with the task of creating all sorts of beings. सर्वादि०—It will be noticed that in this passage famous primeval kings like पृथु are associated with the limbs and qualities of the king पुष्पभूति.

P. 45 ll. 1–23 **पृथुना...दर्शनम्.** पृथुना...कृता—for this legend, *vide* notes p. 176. इति therefore. स्पर्धमान इव as if vying with (पृथु). महिषी crowned queen; she-buffalo. निसर्ग...मतिः the minds of the great are by nature unrestrained and follow their own likings. अनुपदिष्टा (*adj.* of भक्तिः) untaught. भुवनभृति (*adj.* of भवे) who upholds the worlds. भूतभावने who creates all beings. भवच्छिदि that destroys the cycle of births and deaths. भवे=शिवे. 'जन्महरौ भवौ' अमरः. अकृतः वृषभध्वजस्य (शिवस्य) पूजाविधिः येन. अजरम् free from old age, never aging. अमरगुरुम् venerated by the gods. अपरिमितानां गणानां पतिम् the lord of innumerable attendants called गणs. अचलदुहितृ=पार्वती. ०नैः कृता चरणयोः नतिः यस्य. The student will notice that all the letters from अजम् to ०नतिम् are short, when the सन्धि rules are observed. पशुपतिं=शिवम्. प्रपन्नः devoted. भर्तृ...प्रकृतयः the dispositions of dependents follow the mind of their master. खण्डपरशुः=शिवः. ववुः अस्य... पुण्यविषयेषु वायवः in his holy country winds blew. ०गर्भः and the two following words qualify वायवः. होमालवाले (अग्निकुण्डे) विलीयमानः (melting) बहलः गुग्गुलुः तस्य गन्धः गर्भे येषाम्. For गुग्गुलु being burnt in the temples of शिव, *vide* notes p. 105. स्नपन... क्षारिणः that dropped particles (क्षोदः) of the spray of the milk for bathing (the images of शिव). For क्षीरस्नपन, *vide* notes p. 114. बिल्व...हिनः that carried along petals from the wreaths of *Bilva* leaves. शिव...चितैः proper in the worship of शिव. उपायनं a present (made personally). प्राभृतम् a present (sent with a messenger or servant). प्रकर्षेण आराधनार्थं आभ्रियते ढौक्यते स्म. पादोपजीविनः his dependents. करदीकृताः that were made to pay tribute (from करद one who pays tribute). तथाहि for instance. कैलास...वृषैः with huge bulls that were to be let loose in the evening worship (of शिव), white like the peaks of कैलास, the tips of whose horns were decked with golden figure-work. For पत्रलता, see notes on पत्रभङ्ग p. 24. Mr. R. R. Kale takes ०वृषैः to be stone or clay images of the bull of शिव; but there is very little warrant for this supposition. सन्ध्याबलिवृषैः bulls that were intended to be let loose as offerings in the evening worship of शिव. स्नपनकलश pitchers (for holding milk) for bathing (the image of शिव). अर्घभाजन vessels useful in worship. 'मूल्ये

पूजाविधावर्धः' अमरः. पुष्पपट्टैः cloths on which there were ornamental flowers woven in (with threads). मणि...प्रदीपैः lamps on jewelled sticks (stands). ब्रह्मसूत्रं = यज्ञोपवीतम्. महा... कोषैः cases (for covering शिवलिङ्ग) inlaid with pieces of very costly gems. 'मुखयुक्ताः कोषाः मुखकोषाः ये लिङ्गोपरि दीयन्ते' सं०. अन्तःपुराण्यपि...तस्य अभिलषितमन्ववर्तन्त his queens also complied with his desire. स्वयमारब्धं बालेयतण्डुलकण्डनं यैः that themselves threshed the rice used for making oblations (to शिव). बलये हिताः बालेयाः तण्डुलाः, according to 'छदिरुपधिबलेर्ढञ्' पा. 5. 1. 13. देवगृहस्य उपलेपनं (plastering with cowdung) तेन लोहिततराणि करकिसलयानि येषाम्. Their hands were already red; but the manual labour, to which the queens were not accustomed, made their palms redder. कुसुमग्रथने (in making wreaths) व्यग्रः समस्तः परिजनः येषाम्. परममाहेश्वरः a great devotee of शिव. हर्ष himself is called परममाहेश्वर; *vide* Intro. p. XXIX footnote. शुश्राव—the object is महाशैवम्. अपर... मथनम्—For the destruction of दक्ष's sacrifice *vide* notes p. 87. According to the भागवतपुराण (4th स्कन्ध 5th chap.) शिव produced from his जटा a terrific being called वीरभद्र that destroyed दक्ष's sacrifice. भैरव was the name of the S'aiva ascetic and भैरव is also one of the terrific forms of शिव. So the author says 'अपरमिव...मथनम्'. दाक्षिणात्य (from दक्षिणा with the affix त्यक्), according to 'दक्षिणापश्चात्पुरसस्त्यक्' पा. 4. 2. 98 (दक्षिणेत्याजन्तमव्ययम्). बहु...लोकम् who covered the world with thousands of good qualities, as though with pupils, that became far-famed by the mastery of various sciences. Read शीलसंवादाः. उप...वादाः Resemblance in character draws a person, though unseen, to one's heart (*i. e.* affection for him springs up even without seeing him). कपर्दिन्—कपर्दः जटाजूटः विद्यते अस्य इति कपर्दी शिवः. आच...दर्शनम् he desired even in his wishes to see him by all means. The emphasis lies on the word मनोरथैः. If we want to see a person, we may use a chariot (रथ) for that purpose. He employed even मनोरथ for that purpose.

P. 45 l. 24—**P. 46** l. 11. **अथ...पुण्डरीकाणि.** पर्यस्ते scattered about, fading. वासरे the day, the sun. नचिराच्च—the sentence here is नचिराच्च...मस्करिणमद्राक्षीत् (p. 46. l. 5). All the words in the accusative singular from प्रविशन्तं qualify मस्करिणम्. आजानुभुजम् whose arms reached his knees. Arms reaching the knees were looked upon as a sign of greatness. भैक्ष...लक्ष्यमाणम् though emaciated (क्षाम) by living on alms, he appeared to be fat (पीवर) on account of his limbs having stout bones. भैक्षम्—भिक्षाणां समूहो भैक्षम्, according to 'भिक्षादिभ्योऽण्' पा. 4. 2. 38. पृथु

is dark. *Vide* p. 2. कृतान्त...घटितम् as though manufactured of steel heated by the fire of the wrath of Yama. It was not ordinary fire that heated the steel going to make up the sword. In order to make it most destructive, it was heated in the fire of Yama's wrath. अति...क्वणन्तम्—A very irritable (तीक्ष्ण) man may fly into a rage even when merely touched by the wind. A very irritable person is popularly said to be one who quarrels with the wind. The sword having a very fine blade sounded when the wind blew upon it. मणि...पाटयन्तम् under the guise of its reflection falling on the jewelled pavement (कुट्टिमः-मम्) of the hall, it (sword) as though cleft itself in two. 'कुट्टिमोऽस्त्री निबद्धा भूः.' अरि...धारम् the edge of which looked indented (करालित) with the rays (shooting from it) as though they (rays) were hair sticking to it at the time of cutting off enemies' heads. कराल means दन्तुर. The rays look like so many दन्तs of the sword. 'करालो दन्तुरे तुङ्गे' अमरः. करालिता (uneven, jagged) धारा यस्य. मुहु...दिवसम् that as if cut into pieces daylight that was crushed by overspreading (छुरित) it with the circle of its radiance flickering again and again like flashes (उन्मेषः) of lightning. जर्जरितः आतपः यस्य (*adj*. of दिवसम्). The flashing light of the sword blade spread through and through over daylight and thus seemed to cleave it asunder into portions. Remove the comma after ०तपम्. कटा...रात्रेः a glance as though of the night of destruction. रात्रि is dark and so the sword is said to be its कटाक्ष. काल also means 'dark'. This and the following clauses are intended to convey the terrific aspect of the sword. उत्पल is a blue lotus. Hence the sword is said to be the ear lotus of Death. ओङ्कारमिव०—The syllable *om* precedes the study of the Veda. It is a mystic syllable credited with supernatural powers and is symbolical of Brahma itself. So the sword was the essence or centre of cruelty. Compare 'सत्यस्य शनैः शनैरोङ्कारमिव कुर्वाणे' हर्ष० 4th उ० and the notes thereon. Note 'एकाक्षरं परं ब्रह्म' मनु० 2.83. अलङ्का...कारस्य—It was an ornament to arrogance *i. e.* whoever had the sword could afford to be arrogant. कुलमित्रं family friend *i. e.* friend of long standing. देहं दर्पस्य—it was pride incarnate. अपत्यं मृत्योः—it possessed the qualities of Death, as a child is endowed with the qualities of its parent. आग...लक्ष्म्याः it was the way by which लक्ष्मी came *i. e.* it helped in securing wealth (and kingdom). निर्ग...कीर्तेः—it was the way by which fame went out into the world *i. e.* the sword would enable one to do heroic deeds whereby one's fame would spread in the world.

P. 49 ll. 21—26 **अवनि...मेदिनीम्.** आयुध...लिङ्गन्निव he seemed, under the guise of his reflection, as though embracing it out of affection for it (or out of his love for weapons of all kinds). The king was reflected in the bright sword-blade. The poet fancies that the king embraced it out of love for it. पर...विदग्धमपि though it is ill-mannered (or proud) enough to scorn accepting another's property. The words may also mean 'ignorant of the humiliation *viz.* accepting another's property.' But as here the emphasis is laid upon the word व्यतिक्रम, so अवज्ञा also must be understood in the sense of 'disregarding.' युष्मद्विषये in your case. वचन...रितुम् to commit (to be guilty of) the crime of disregarding your words (request). The words referred to are 'भवद्भुजयोग्यो गृह्यताम्'. साधयामः is used in the sense of 'गच्छामः,' which latter is not used, as it was believed to be an inauspicious word indicating 'perishing.' प्रकृत्या...रागी by nature loving the heroic temper.

P. 49 l. 27—**P. 50** l. 10 **अथ...इति.** उपह्वरे in secret. उपह्वरः a lonely place. उपग्रहेण यथा स्यात्तथा सोपग्रहम् in a conciliatory tone; with a request. स्वार्थ...भव्यानाम् The dispositions of the good are careless of their own interests but vigilant in obliging others. For भव्य, compare the first verse of the 8th उच्छ्वास 'दैवेनापि क्रियते भव्यानां पूर्वसेवेव.' भवादृशां...कारः to such as you the sight of suppliants is a great festival, requests (preferred by the needy) are a means of giving pleasure, acceptance of gifts (by others) is an obligation. The idea is that great persons like पुष्पभूति are pleased (आराधन) when requests are made to them; great persons feel obliged when the gifts they offer are accepted by others. भैरवाचार्य wants the king's help in a perilous undertaking and so makes this highly flattering introduction. भूमि...धीयसे you are the centre of all men's hopes; therefore you are addressed (by me). He means that all men hope to fulfil their desires through your help. महाकालहृदयं नाम यस्य. महाकाल is शिव. As to the wonderful power ascribed to *mantras*, *vide* pp. 54-55. कृष्णाः स्रगम्बरानुलेपाः यस्मिन् (*adj* of आकल्पेन)—in which the garland, garment and unguents were all dark. आकल्पः decoration, equipment. कल्पकथितेन as declared in the ritualistic works (of the S'aiva sect). 'इतिकर्तव्यकलापोपदेशको ग्रन्थः कल्पः' सं०. जपकोट्या by muttering (the *mantra*) a crore of times. पूर्वं कृता कृतपूर्वा, कृतपूर्वा सेवा येन सः ०सेवः. वेतालसाधनं अवसाने (अन्ते) यस्य. तस्य...सिद्धिः complete attainment of that *mantra* ends with

figure) is carved on stone pillars. रण...हंसीम् the female flamingo spoilt (दुर्ललित) by the yearning (दोहदं) for playing on the ripples of the rivers of blood in battles. लक्ष्मी cannot be had without bloodshed. A राजहंसी plays on the ripples of rivers. सित...ण्डिनीम् the female peacock in the forest (पण्ड:-ण्डम्) of white umbrellas of kings. A peacock dwells in thickets. White umbrellas are insignia of royalty. So लक्ष्मी may be said to dwell in them. 'अब्जादिकदम्बे **षण्ड**मस्त्रियाम्' अमरः. अति...सिंहीम् the lioness that sportively wanders in the forest of the edges of very sharp weapons. असि...कमलिनीम्—the idea is:—A lotus plant grows in water, so लक्ष्मी grows on the 'water' of swords' edges (*i. e.* it is the sharpest sword that wins लक्ष्मी). अप...रसेन I am captivated by this your love (रसः) for bravery. A fluid or stream (रसः) may carry away a person.

P. 53 l. 29—**P. 54** l. 5 **वीराणां...बभूव.** वीराणां...काराः In the case of heroes conferring of obligations on others is never wearisome *i. e.* heroes love to confer numerous obligations on others. पुनरुक्त repeated, superfluous; hence 'wearisome.' प्रीततरं हृदयं यस्याः. She was pleased to see that the king cared more for the success of भैरवाचार्य's undertaking than for any personal gain. विस्तीर्य...भूपालम्—the idea is—with an eye dilated through pleasure she looked at the king. The white of her eye was like the waters of क्षीरसागर. The poet fancies that the king was bathed in क्षीरसागर poured (पर्यस्त) over his head. At the time of coronation (अभिषेक), a king's head is bathed with holy water. सत्त्वोत्कर्षेण by the excess of courage or spirit. सूर्याचन्द्रमसोः—for the lengthening of सूर्य in this द्वन्द्व compound, note the Sūtra 'देवताद्वन्द्वे च' पा. 6. 3. 26 (इहोत्तरपदे परे आनङ्। मित्रावरुणौ। सि. कौ.). Two वंशs, that of the sun and the moon, were already well-known. लक्ष्मी promises him that he would be the founder of a third वंश as famous as the other two. अविच्छिन्नस्य unbroken. उपचीयमाना (growing) वृद्धिः यस्य. शुचीनि सुभगानि (handsome) सत्यत्यागधैर्यशौण्डानि पुरुषप्रकाण्डानि तत्प्रायस्य—mostly consisting of eminent men fond of truthfulness, liberality and courage. प्रकाण्ड at the end of compounds means 'pre-eminent.' 'मतल्लिकामचर्चिका**प्रकाण्ड**मुद्धतल्लजौ। प्रशस्तवाचकान्यमूनि' अमरः. हरिश्चन्द्रः—the story of हरिश्चन्द्र and his persecution by विश्वामित्र are well-known. *Vide* मार्कण्डेपु० chap. 7-8 for details. हरिश्चन्द्र was lord of all the earth except काशी, which was under the protection of शिव himself. Hence the words सर्वद्वीपानां भोक्ता.

मान्धाता was a great चक्रवर्ती and was desirous of conquering heaven after he had conquered the earth. Compare 'मान्धाता किलैवंविधे...हनि भेजे जन्म । अर्वाक्ततोऽस्मिन्नन्तराले पुनरेवंविधे योगे चक्रवर्तिजनने नाजनि जगति कश्चिदपरः' हर्ष० 4th उ० and *vide* notes thereon. यस्यायं... चामरम् over whom this hand (of mine) will itself wave the chowrie, abandoning the lotus. लक्ष्मी says she will throw away the lotus in her hand and hold a chowrie in it for waving it over that gret king. तिरोबभूव became invisible.

P. 54 ll. 6–16. **भूमि...चचक्षे.** देव्या...वचसा—लक्ष्मी had said 'एवमस्तु' when the king solicited her to crown the undertaking of भै० with success. कर्मणा...पादितेन because the rite was properly performed (to its finish). सद्य एव at once. केयूरी wearing an armlet. मेखली with a girdle. मुद्गरी with a mallet or club. खड्गी—with a sword. विद्याधरs always carry swords. Compare 'अनिस्त्रिंशा विद्याधराः' above (text p. 18. l. 22). अदूर...रथाः the ambitions of indolent and weak-minded people never soar high. फल्गु चेतः येषाम्. 'असारं फल्गु' अमरः. फल्गु unsubstantial, worthless, feeble. सतां...कृतयः but the favours of the good are naturally far-reaching. स्वप्नेऽप्यसम्भावितां not imagined even in dreams. दक्षिणाम् gift. सम्प...याति a man light by nature goes up (becomes puffed up) like a balance even after obtaining a particle of prosperity. In the case of a delicate balance, the equilibrium is disturbed even by a particle. त्वदीयैः...कृतस्य that is already made an instrument by your qualities. He says:—my heart is already captivated by your qualities. There is also another sense suggested. Threads (गुणs) are employed in binding a thing. लब्धः आत्मलाभः येन. त्वत्त...लाभस्य that has obtained its present position through you. He says that he owes his विद्याधरत्व to the king and to no one else. भै० wanted to do some good turn to the king out of gratitude. निर्ल...त्मानम् this my foolish heart is shameless in that I desire to keep myself in your memory by serving you in accomplishing some small affair of yours. प्रत्युप...ष्टम्भाः the dignity of the hearts of the wise is inaccessible to (the receiving of a) favour in return *i. e.* the wise never receive something in return for what they have done for others. प्रत्याचचक्षे he refused (the offer of भै०).

P. 54 ll. 17—28 **तथोक्त...विवेश.** कुवलय...स्राविणा as though it were a grove of blue lotuses dropping the spray of dew (अवश्यायः). The pupil of his eye resembled कुवलय and the

ing (the राजहंस) to the मानस lake. The मानस lake is said to be the native place of swans, where they are said to flock at the beginning of the monsoon. The king was a राजहंस (a swan among kings *i. e.* the best), while यशोमती was clever in acting according to the wishes of the king. सकल... धर्मस्य—त्रयी means वेदत्रयी (ऋग्वेद, यजुर्वेद and सामवेद). सकललोकैः अर्चिताः चरणाः यस्याः—(the three Vedas) the various schools of which are honoured by the people. The words चरण and शाखा are sometimes used as synonyms; sometimes चरण means 'शाखाध्येतृ' *i. e.* those who study a particular शाखा of the Veda, an ideal succession of teachers and pupils. This latter is the sense here. The king was धर्म incarnate and यशोमती was सकल... चरणा (सकललोकेन वन्दितौ चरणौ यस्याः). दिवा ... महामुनेः—The great sage is वसिष्ठ here whose wife is अरुन्धती. अमुक्ता पार्श्वे स्थितिः यया—who always remains by his side. The star of अरुन्धती is always seen by the side of वसिष्ठ in the constellation of the Great Bear. अरुन्धती is regarded by the Indians as the type of conjugal fidelity and constancy and is pointed out to the bride by the bridegroom in marriage ceremonies. Note the high praise put by भवभूति in the mouth of जनक as regards अरुन्धती 'यया पूतंमन्यो निधिरपि पवित्रस्य महसः' (उत्तरराम० IV). The king was महामुनि (a राजर्षि) and the queen never left his side day and night. हंसमयी...प्रेम्णि (literally) in her gait she was mostly a swan, in her tones a cuckoo, in love for her husband a ruddy goose (चक्रवाक) *i. e.* she had the gait of a हंस, the sweet high—pitched tone of a cuckoo &c. परपुष्ट=कोकिल (also called परभृत्). It was believed that cuckoos place their eggs in the nest of crows and thus have their young ones looked after by others. 'प्रागन्तरिक्षगमनात्स्वमपत्यजातमन्यैर्द्विजैः परभृताः खलु पोषयन्ति ॥' शाकुन्तल V. The चक्रवाक bird is supposed to be separated from its mate at the advent of night and is a type of abiding love. Even though separated merely by a lotus leaf it cries for its mate. मय is affixed in the sense of प्राचुर्य or विकार. 'तत्प्रकृतवचने मयट्' पा. 5. 4. 21 and 'मयड्वैतयोर्भाषामभक्ष्याच्छादनयोः' पा. 4. 3. 143. प्रावृषम...विलासेषु In the fulness of पयोधर (breast, cloud) she was as if the rainy season, in playfulness she was as if wine. निधि...प्रसादेषु in the collection of wealth, she was a treasure, in (bestowing) favours she was a stream of wealth. कोषसंग्रह (1) amassing a rich treasure (2) having a calix (with कमल). फलदानेषु—the queen gave what was desired by suppliants; flowers give rise to fruits. सन्ध्या०—people perform adoration (called सन्ध्यावन्दन) in the morning and evening; the queen was honoured by all people. चन्द्र...ष्मत्वे the moon and the queen had no ऊष्मन् (heat, pride of wealth). दर्पण...ग्रहणेषु a mirror takes in (*i. e.* reflects) every being; she drew (*i. e.* influenced by her goodness) all beings. सामुद्र...ज्ञानेषु In the knowledge of the character of others, she was the science of palmistry. समुद्र is supposed to be the author of the सामुद्रिकशास्त्र. परमा...व्याप्तिषु—The supreme spirit pervades everything; the queen could comprehend everything. According to the Vedānta, परमात्मन् (ब्रह्म) is everywhere and everything. Compare भगवद्गीता 'मया ततमिदं सर्वं जगदव्यक्तमूर्तिना.' स्मृति...वृत्तिषु Smṛitis, like that of मनु, lay down what is pure conduct (वृत्ति); her thoughts (वृत्ति) were pure or holy. अमृत...तृष्यत्सु she was full of अमृत (nectar, water) to the thirsty. निर्वृतिः bliss, happiness. वेतस... गुरुषु towards her elders, she was a वेतस (*i. e.* she was humble). वेतस is a symbol of humility. It bends when a flood sweeps down upon it. गोत्र...विलासानाम् she was the prosperity of the family of elegant gestures *i. e.* in her one could find the acme of fine gestures and dalliances. प्राय...स्त्रीत्वस्य she was as if the penance purity of womanhood. Penance purifies a sinful person. She had inherently the purity that comes of प्रायश्चित्त. आज्ञा... ध्वजस्य she was as if the fruition of the mandate of काम. She could have bewitched any one by her charms. व्युत्थान...रूपस्य she was as if the post-concentration consciousness of beauty. The idea is :—रूप had as if been in a समाधि (*i. e.* had given up moving about in the world); then रूप gave up its state of समाधि as a Yogin does and became conscious in the person of the queen. व्युत्थान means समाधिनिवृत्ति (cessation of the state of Yogic trance). For the meaning of व्युत्थान, note योगसूत्र III. 36 'ते समाधावुपसर्गा व्युत्थाने सिद्धयः' on which व्यासभाष्य says 'ते प्रतिभादयः समाहितचित्तस्योत्पद्यमाना उपसर्गास्तद्दर्शनप्रत्यनीकत्वात् । व्युत्थितचित्तस्योत्पद्यमानाः सिद्धयः'. C and T render the words as 'the Eureka of loveliness.' दिष्ट...रतेः she was as if the ovation of passion. दिष्टम् means 'fortune' (good or bad); here, good fortune. वृद्धि means congratulation; compare the use of the root वृध् in 'दिष्ट्या पुत्रमुखदर्शनेन भवान् वर्धते'. मनो...णीयकस्य she was the attainment of the desires of beauty. Beauty had been longing for a proper person to represent her and found the fulfilment of that longing in the

world. Even now proclamations are made known to the people by beat of drum. विधुताः केसरसटाः यैः that tossed the hair of their manes. Both केसर and सटा mean 'mane'. साटोपं (in a stately manner) गृहीतः हरितानां (green) दूर्वापल्लवानां कवलः (mouthful) तेन प्रशस्तैः (graced). हस्तपल्लवैः—has two senses. Those who dance make graceful movements with their hands (हस्त). The elephants tossed about their trunks (हस्त) in a graceful manner. सुरायाः आमोदः तद्वत् सुरभिः (with दिव्यानिलः); सुरायाः आमोदः तेन सुरभिः (निःश्वासः). Breezes redolent of the perfume of wine blew at the birth of हर्ष. This is fancied to be the sigh of लक्ष्मी leaving विष्णु. The idea suggested is—at the birth of हर्ष, लक्ष्मी left विष्णु and came to हर्ष. When leaving her husband विष्णु she sighed. चक्रं आयुधं यस्य. Compare for दिव्यानिल 'दिशः प्रसेदुर्मरुतो ववुः सुखाः प्रदक्षिणार्चिर्हविरग्निराददे । बभूव सर्वं शुभशंसि तत्क्षणं भवो हि लोकाभ्युदयाय तादृशाम् ॥' रघु० III. 14. प्रदक्षिणशिखानां कलापः तेन कथितः कल्याणागमः यैः that told of the forthcoming good luck by the mass of their flames curving to the right. अविद्यमानं इन्धनं (fuel) येषाम्. वैतानवह्नयः sacrificial fires. तपनीयस्य (सुवर्णस्य) शृङ्खला तया बन्धः तेन बन्धुरः (charming) कलशीकोशः येषाम्. कलशी a jar. कोश means 'the cuplike head or upper part of a jar'. Round the neck of the jar were tied chains of gold. समुदगुः aorist of इ with सम् and उद्. प्रहत...निभेन under the guise of the echo of the auspicious tabors that were beaten. दिक्पाल—these are eight 'इन्द्रो वह्निः पितृपतिर्नैऋतो वरुणो मरुत् । कुबेर ईशः पतयः पूर्वादीनां दिशां क्रमात् ॥' इत्यमरः. दिष्टवृद्धिकलकलः—clamour of congratulation. The idea is—दिक्पालs were overjoyed at the birth of हर्ष. The echo of the tabors is fancied to be the clamour of congratulations from the दिक्पालs. शुक्लं वासः येषाम् (*adj.* of द्विजातयः). ब्रह्म वेदः मुखे येषाम् (with द्विजातयः); ब्रह्मा (the god ब्रह्मा) मुखं येषाम्—who had ब्रह्मा at their head (०पतयः). The Vedas being eternal, it may be said that the primeval प्रजापतिs also had the Veda on their lips. प्रजावृद्धये (1) for the well-being of the child (with ०जातयः); (2) for the propagation of the human race (with ०पतयः). कृतयुगप्रजापतयः—see मनुस्मृति I. 34-35 'अहं प्रजाः सिसृक्षुस्तु तपस्तप्त्वा सुदुश्चरम् । पतीन्प्रजानामसृजं महर्षीनादितो दश ॥ मरीचिमत्र्यङ्गिरसौ पुलस्त्यं पुलहं क्रतुम् । प्रचेतसं वसिष्ठं च भृगुं नारदमेव च ॥'. शान्त्युदकं फलं च हस्ते यस्य. पुरोधाः = पुरोहितः. पुरातन्यः स्थितयः as if they were the ancient rules (of conduct). प्रलम्बं (long) श्मश्रुजालं (beards) तेन जटिलानि आननानि येषाम्. It was usual to set prisoners free on the birth of a son or other great occasions. Note the अर्थशास्त्र of कौटिल्य 'बन्धनागारे च बालवृद्धव्याधितानाथानां च जातनक्षत्रपौर्णमासीषु विसर्गः' p. 146. बहलः मलपङ्ककलङ्कः तेन कालः (dark)

कायः (शरीरं) येषाम्. नश्यतः...कुलानीव as if they were the kindred of the Kali age that was vanishing. कलि (the age of sin) is fancied as dark. By the advent of हर्ष, an era of धर्म would be started and अधर्म would have to run away. The prisoners besmeared with dirt (and so dark) and running disorderly (आकुल) when freed are represented as the kindred of कलिकाल. बन्धनवृन्दानि crowds of prisoners. तत्कालापक्रान्तस्य that ran away at that moment (*viz.* at हर्ष's birth). शिबिरश्रेणयः rows of camps or tents. लोक...वीथ्यः the rows of stalls (विपणिः) that were plundered by the people. It seems that the stalls were looted by the permission of the king who compensated the traders for their loss. The stalls that were looted (and were therefore empty) looked like the camp lines from which अधर्म had run away, leaving them empty. विलसन्तः (making graceful movements) उन्मुखाः वामनकाः (dwarfs) बधिराश्च तेषां वृन्दं तेन वेष्टिताः (*adj.* of ०धात्र्यः). Dwarfs are often spoken of as the attendants of the harem 'निषेवितो वर्षवरैः कञ्चुकोष्णीषधारिभिः। अन्तःपुरेषु विचरेत् कुब्जकैरातवामनैः॥' काम० 7. 41. जात...व्याकुलाः—the com. explains that 'in the lying-in-chamber a figure with a cat's face and surrounded by a crowd of children is set up' (probably to ward off evil). 'जातमातृदेवता मार्जारानना बहुपुत्रपरिवारा सूतिकागृहे स्थाप्यते.' Or we may take साक्षा...देवताः in another sense 'as if they were the divine Mātṛis become visible.' The Mātṛis, divine mothers, are said to attend on शिव and are seven cr eight. 'ब्राह्मी माहेश्वरी चैन्द्री वाराही वैष्णवी तथा। कौबेरीत्यपि कौमारी सप्तैव मातरः स्मृताः॥' हलायुधः. प्रावर्तत—the subject is पुत्रजन्मोत्सवः. The lines that follow contain clauses qualifying ०त्सवः. विगता राजकुलस्य स्थितिः यस्मिन् in which the rules of etiquette to be observed in the palace were (for the moment) gone. अधःकृता प्रतीहारस्य आकृतिः यस्मिन् in which the figure of the doorkeeper was disregarded *i. e.* anybody entered without minding the प्रतीहार. अपनीतः वेत्रिणां वेत्रः यस्मिन् in which the cane of the warders was taken away. निर्दोषः अन्तः-पुरे प्रवेशः यस्मिन्. Ordinarily no one could have entered the seraglio. समौ स्वामिपरिजनौ यस्मिन् in which master and servant were brought to the same level. निर्विशेषौ बालवृद्धौ यस्मिन् in which there was no distinction between young and old. दुर्ज्ञेयः मत्तामत्तयोः प्रविभागः यस्मिन् in which no distinction was perceptible between drunk and sober persons (*i. e.* both acted in the same way). तुल्यौ कुलयुवतिवेश्ययोः आलापविलासौ यस्मिन् in which the words and gestures of noble ladies and harlots were the same. प्रनृत्तः सकलकटकलोकः यस्मिन्. कटकं—capital.

प्रांशुः (tall) सालः (rampart) तद्वत् अभिरामौ (charming); प्रांशुसालेन अभिरामौ (with संनिवेशौ). 'प्राकारो वरणः सालः' इत्यमरः. साल is also a tree. महा...वेशः the site of a large city. सर्व...क्षमौ capable of giving shelter to all people (applies to both).

P 65 l. 23--**P. 66** l. 9 **अथ चन्द्र...जग्मतुः.** The principal sentence is अथ...राज्यवर्धन इति हर्ष इति सर्वस्यामेव पृथिव्यां...द्वीपान्तरेष्वपि प्रकाशतां जग्मतुः. चन्द्र...र्निरीक्ष्यौ—they (the princes) were charming and not to be gazed at. They overpowered the world by their valour and their fame resembling flashing moonlight and therefore were like the sun and the moon. स्फुरन्ती ज्योत्स्ना तत्सदृशं यशः (द्वयोरपि धवलत्वात्) प्रतापश्च ताभ्यां आक्रान्तं भुवनं याभ्याम्. The moon is अभिराम, while the sun is दुर्निरीक्ष्य. स्फुरन्ती ज्योत्स्ना यशः इव प्रतापश्च (heat) ताभ्यां &c. The भुवन्s are either three or fourteen. अग्नि...भूतौ the princes were like fire and wind acting in unison and manifesting there effulgence and force. If fire and wind combined, the devastation wrought by them would be appalling. शिलाभिः कठिनः कायबन्धः ययोः (with हिमवत् and विन्ध्य); शिलावत् कठिनः (with princes). अचलौ—never wavering; mountains. महा...योग्यौ like two big bulls, they were fit for कृतयुग. The two princes were so righteous that they were fit to live in कृतयुग (the age of virtue, see above p. 3 notes). Bulls are fit to carry the yoke (युगं). There is another suggestion. वृष also means 'धर्म.' 'शुक्ले मूषिके श्रेष्ठे सुकृते वृषभे वृषः' इत्यमरः. धर्म is fit to live in its entirety in कृतयुग only. हरिः (अश्वः) वाहनं ययोः तौ हरिवाहनौ; विभक्तं शरीरं ययोः तौ ०शरीरौ—who rode horses and had well-proportioned bodies. हरि means सूर्य and विष्णु also. Mark the numerous senses of हरि 'यमानिलेन्द्रचन्द्रार्कविष्णुसिंहांशुवाजिषु । शुकाहिकपिभेकेषु हरिर्ना कपिले त्रिषु' इत्यमरः. हरिवाहने विभक्तं शरीरं ययोः (अरुणगरुडौ) whose bodies are assigned for carrying the sun and Vishṇu. अरुण is the charioteer of the sun and गरुड is the vehicle of विष्णु. उपेन्द्रः विष्णुः. नागेन्द्रगतौ—the princes rode the best of elephants. Or their gait was like that of the best of elephants (नागेन्द्रस्य इव गतं ययोः). Both इन्द्र and विष्णु are नागेन्द्रगत. इन्द्र rides the best of elephants (ऐरावत); विष्णु sleeps on शेष (the best of serpents). 'गजेऽपि नागमातङ्गौ' इत्यमरः. कुण्डल...धरौ the princes wore ear-rings and diadem. कर्ण, who had a कुण्डल and कवच given to him by the sun from his very birth, is a type of charity. Indra (who was careful to guard his son अर्जुन) came to Karṇa disguised as a ब्राह्मण and begged of him his कुण्डल and कवच and got them. इन्द्र being pleased with his liberality gave him a शक्ति. See वनपर्व Chap. 310–311

(Kumbakonam ed.). अर्जुन was called किरीटिन्. See विराटपर्व 43 'किरीटं सूर्यसंकाशं भ्राजते मे शिरोगतं 129...इन्द्रदत्तमनाहार्यं तेनाहुर्मां किरीटिनम्।' 130. सर्वतेजस्विनाम् of all luminaries; of all spirited persons. उदयास्तमयौ rising and setting; prosperity and decline. अमान्ता...कुटीरके who on account of their great pride could not contain themselves in the hut of the earth hemmed in (सङ्कट) by the restraint of tne bolt in the shape of the shores that are near it. अमान्तौ *pr. p.* of मा with the negative particle. आसन्ना वेला एव अर्गलः तेन निरोधः तेन सङ्कटः. कुः पृथ्वी एव कुटीरकः. The earth is bounded by the shores of the sea; and therefore it fell short of their ambitions. मान also means 'size.' कुकुटीरक also means 'wretched hut.' In a wretched hut even an ordinary man cannot contain himself. तेजः...मानौ who disliked even their shadow falling away from light. The shadow of an object naturally falls in the direction opposite to that from which a light comes. They being तेजस्विन् desired that everything that was theirs (even a shadow) should be तेजःसंमुख and not ०पराङ्मुख. जुगुप्समानौ—*pr. p.* of the desirative base of गुप् (though there is no sense of desire). 'गुप्तिज्किद्भ्यः सन्' पा० 3. 1. 5. (गुपेर्निन्दायाम् । जुगुप्सते). स्वात्म...लज्जमानौ. The idea is that they could not bear even this that their image should be reflected in the toe-nails of others (and thus it might appear that they were bowing at the feet of others). The idea is similar to 'यः करधौतासिप्रतिबिम्बितेनात्मनापि &c.' (p. 1 text). भङ्गेन (1) by the curling; (2) defeat or running away. चूडा...माणौ—the idea is :—when the umbrella (one of the insignia of sovereignty) was held over them it was reflected in their crest jewel and thus a second umbrella seemed to exist. They could not tolerate the existence of a second umbrella (a rival emperor) and therefore felt ashamed even when a second umbrella existed in reflection only. षण्मुखः कार्तिकेयः the son of शिव. स्वामिन् is one of the names of कार्तिकेय. असुखायमानौ श्रवणौ ययोः. The idea is that they wanted the term स्वामि (lord) to be applied to themselves alone and could not bear that any one else (even the God स्कन्द) should be so called. कार्तिकेय or स्कन्द is the Mars or god of war of Indian mythology. Most of his epithets have reference to the circumstances of his birth. शिव cast his seed in Agni, who unable to bear it, cast it into the Ganges. It was then transferred to the six कृत्तिकाs, each of whom bore a son. The six sons were then mysteriously combined into one with six mouths. He was the commander of the gods against

on the inside of the cloth and hence they were done in the reverse order of nature (कुटिलक्रम), so that the outside (that would be visible to others) would show the beautiful पल्लवs in their natural form. C and T translate 'some, now dry, were having all the charm of sprays reproduced in their twisted shapes.' This is obscure. अपरैः—अपरैः some—others. आरब्धं कुङ्कुमपङ्कस्थासकानां छुरणं येषु in which the spotting with saffron paste had commenced *i. e.* some of the textures were being marked with spots of saffron paste. स्थासकः perfuming the body with unguents. 'स्नानं चर्चा तु चार्चिक्यं स्थासकोऽथ प्रबोधनम्' इत्यमरः. उद्भुजाः भुजिष्याः परिचारिकाः ताभिः भज्यमानानि भङ्गुराणि उत्तरीयाणि येषु the fragile upper garments among which were torn by the maids that had lifted up their arms. The idea is not quite clear. The meaning seems to be :—The maids raised their hands to gather together the textures as they became ready. In doing so they tore away their own fragile upper garments. क्षौमैश्च...नेत्रैश्च—these words indicate the material of which the garments were made. क्षौमैः made of flax, linen. क्षुमायाः विकारः क्षौमम्. बादरैः mad3 of cotten. बदरायाः बदराफलस्य वा विकारः बादरम्. 'कर्पासी बदरेति च' इति; 'वाल्कं क्षौमादि फालं तु कार्पासं बादरं च तत्' इति च अमरः. दुकूलैः—The अमरकोश treats क्षौम and दुकूल as synonyms. C and T translate दुकूल as 'bark silk.' लालातन्तुजैः lit. 'made of the threads of saliva' *i. e.* made of spider's thread. This is otherwise called पत्रोर्णम् on which क्षीरस्वामी remarks 'लकुचवटादिपत्रेषु कृमिलालोर्णाकृतं पत्रोर्णम्'. अंशुक is used in the sense of 'वस्त्र' in general. It must here mean a वस्त्र made from a particular material. C and T translate 'muslin'. नेत्रैश्च—silk garments. The अमरकोश gives it as a synonym of अंशुक. 'स्याज्जटांशुकयोर्नेत्रम्'. निर्मोकनिभैः resembling the slough of serpents. अकठोरा रम्भा तस्याः गर्भवत् कोमलैः as delicate (or fine) as the inside of a plantain plant not fully developed. C and T translate 'soft as the unripe plaintain's fruit.' This is not correct. रम्भा means the plant and not its fruit. No one in India need be told how fine and delicate the *inside* of the plantain *plant* is. The inside of the *fruit*, however unripe, is not soft. निश्वासहार्यैः The clothes were so fine and light that even the breath of a person made them move on the body of the wearer. स्पर्शानुमेयैः—the garments were of such fine texture that they were not visible to the eye, but were only determined to be on the body by touch. इन्द्रायुधसहस्रैः—the garments being variously tinted presented the hues of the rainbow. संछादितम् qualifies राजकुलम्. उज्ज्वलाः निचोलकाः तैः अवगुण्ठ्यमानानि हंसकुलानि यैः (*adj.* of शयनीयैः)—by the brilliant coverlets of which (beds) the swarms of Hamsas were veiled (*i. e.* were cast into the shade). हंसs are white 'हंसास्तु श्वेतगरुतः' इत्यमरः. 'निचोलः प्रच्छदपटः' इत्यमरः. शयनीयैः, कञ्चुकैः, ०सहस्रैः and other nouns in the instrumental are to be connected with उज्ज्वलं and the following adjectives. तारा...कञ्चुकैः with bodices that were added to (*i. e.* overlaid) with brilliant pearls. अने...सहस्रैः with thousands of pieces of fine cloth rent asunder for various uses. अभि...तानैः with canopies of cloth that were glowing with fine silk garments freshly dyed. अभिनवः रागः येषाम् तानि ०रागाणि अत एव कोमलानि दुकूलानि तैः राजमानैः. स्तवरकनिवहेन निरन्तरं छाद्यमानानि समस्तानि पटलानि येषाम्. स्तवरक... मण्डपैः with *pandals* all the thatches (पटलं) of which were covered with masses of clothes. The word स्तवरक is unusual. उच्चित्राः (having paintings prominent on them) नेत्रपटाः (fine silk cloth) तैः वेष्ट्यमानैः. औत्सुक्यं ददातीति ०दम् causing eagerness or excitement.

P. 70 ll. 1–16 **देवी तु...राजकुलम्.** हृदयेन भर्तरि—connect each instrumental with the following locative. The principal sentence is देवी यशोमती एका अपि बहुधा विभक्ता इव अभवत्—she, though one, seemed to be divided in manifold ways. हृदयेन...जामातरि—her heart was with her husband, her curiosity was with the bridegroom. These clauses explain how she was विभक्त. She was curious to know what the bridegroom looked like. उपचारः respectful behaviour, courtesy. शरीरेण सञ्चरणे her body was engaged in moving about. चक्षुषा...वेक्षणेषु her eye was occupied in seeing things done and left undone. उपर्युपरि now and then, again and again. विसर्जिताभिः (despatched) उष्ट्रवामीभिः (camels and mares) जनितः जामातुः जोषः (pleasure) येन. एवं च—The principal sentence is एवं च तस्मिन्नविधवामये इव भवति राजकुले...आजगाम विवाहदिवसः. अवि...राजकुले—In marriage ceremonies only those women whose husbands are living take any prominent part. चारण...दिङ्मुखेपु—So many minstrels had come there that it seemed that the quarters contained nothing else but them. Explain the following clauses similarly. भूषण...जने—Even the domestics were loaded with so many ornaments that they seemed to be nothing but ornaments. सर्गः creation, world. Read निर्वृति० for निर्वृत्ति०. लक्ष्मी...महोत्सवे when the festival seemed to grow as if it were made of Lakshmî, *i. e.* everything in the festival was so gorge-

turned towards the object that is circumambulated'. उपस्थितं that had approached. राजसिंहस्य—the poet says that the passing of the deer to the left of हर्ष (who was a lion among kings) was a precursor of misfortune. If deer pass the lion without circumambulating him (*i. e.* without showing respect to him), that indicates that the lion's fall is near. In the कादम्बरी we read that the passing of the deer to the right of women is an ill omen 'प्रस्थितामिवानभीष्टदक्षिणवातमृगागमनाम्' (p. 218 of P). In the case of men it must be the left and so we have 'प्रदक्षिणेतरम्' (adverb). Similarly in the गाथासप्तशती we read 'एको वि कालसारो ण देइ गन्तुं पहाइणवलन्तो' I. 25. अशिशिररश्मिः सूर्यः. हृदयम्—supply हर्षस्य. The cry of the crow is an evil omen. See बृहत्संहिता 95.19 'ऐन्द्यादिदिगवलोकी सूर्याभिमुखो रुवन् गृहे गृहिणः। राजभयचोरबन्धनकलहाः स्युः पशुभयं चेति ॥' and also 'एकचरणोर्कमीक्षन् विरुवंश्च पुरो रुधिरहेतुः' 30. For female jackals howling towards the sun, see रघु. II. 61. बहुदिवसम् (*acc.* of time) is to be connected with उपचित in the following समास. शिखिपिच्छा (tail of the peacock) लाञ्छनं (characteristic mark) यस्य. The Jain ascetics carry peacock feathers to sweep insects out of their path. नग्नाटकः a naked Jain ascetic (दिगम्बर). क्षीरस्वामी says 'भिक्षुः श्वेतः श्वेतपटः क्षपणर्षिर्दिगम्बरः । नग्नाटः श्रावकोऽह्रीको निर्ग्रन्थो जीवजीवकौ ॥'. In the मुद्राराक्षस Act IV the sight of a क्षपणक is said by अमात्यराक्षस to be an evil omen. 'लुञ्चिताः पिच्छिकाहस्ताः पाणिपात्रा दिगम्बराः' सर्वदर्शनसंग्रह (आर्हतदर्शन). पितृस्नेहेन आहितः म्रदिमा यस्मिन् (*adj.* of हृदयेन). For म्रदिमा (from मृदु) see notes above p. 68. on कालिमन्. तत्तदुपेक्षमाणः thinking about this and that. The reading उत्प्रेक्षमाणः of some MSS of B is much better. तुरङ्गमस्कन्धे बद्धं लक्ष्यं यस्य (*adj.* of चक्षुः). दुःसमवसिते हसितं सङ्कथा च येन who painfully brought to an end all laughter and talk. बहु...ध्वानम् a journey that was made up of many योजनs. What particular distance was covered by a योजन is a point on which there has been much divergence of opinion. Various scholars have taken it to be from 4½ miles to ten miles. उपलब्धा नरेन्द्रमान्द्यस्य वार्ता तेन विषण्णे (dejected). One who is dejected loses all spirit (तेजः) and bends down his face. In the evening the sun also lost its lustre (तेजः) and hung down on the western horizon. This is fancied to be due to sorrow at the news of the king's illness. पुरः प्रवृत्ताः प्रतीहाराः तैः गृह्यमाणा ग्रामीणपरम्परा तया प्रकटितं प्रगुणं वर्त्म यस्य to whom the best way (to reach the capital) was shown by troops of villagers that were secured by waiters who marched ahead. वहन्ने निशाम् he passed the night riding.

P. 75 l. 33—**P 76** l. 20 **अन्य...इति.** The principal sentence is अन्यासन्नह्नि मध्यन्दिने...स्कन्धावारं समाससाद. विगताः जयशब्दाः यस्मात्—bards were in the habit of uttering the words 'जय जीव' &c. in the presence of the king. See text p. 4. l. 12. But as the king was on his death-bed all this was stopped. This and the following words in the accusative qualify स्कन्धावारम् (capital). अस्त...नादम् not a drum was heard. अप्रसारितानि आपणे पण्यानि यस्मिन् in which merchandise was not exhibited (for sale) in the market. पवन...ह्लिख्यमानम् that (capital) was rubbed by the waving streaks of the smoke of कोटिहोम, that (streaks) were twisted into curls by the force of the wind and which were as if the tips of the horns of Yama's buffalo. The curly smoke of the *Homa* performed for the welfare of the king is fancied to be the twisted horn of the buffalo of यम. यम rides a buffalo. As the king was on his death-bed, Yama comes in here very appropriately. कोटिहोम was a kind of offering into fire. वराहमिहिर prescribes it against दिव्योत्पातs. 'दिव्यमपि शममुपैति प्रभूतकनकान्नगोमहीदानैः । रुद्रायतने भूमौ गोदोहात् कोटिहोमाच्च ॥' बृह० 46. 6. कृतान्त...वेष्टयमानम्—As the city was lying under a cloud of smoke, the poet further fancies that it was encircled by the cords of Yama's net. उपरि...शुभम्—troops of crows roamed about and cawed. This portended approaching evil *i. e.* death here. The black crows resembled small bells of iron (कालायसं). It is usual to tie bells round the necks of buffalos and bulls. क्वचित्—क्वचित् and अन्यत्र—अपरत्र mean 'in one place—in another place.' प्रतिशायिताः स्निग्धबान्धवाः तैः आराध्यमानः अहिर्बुध्नः (शिवः) यस्मिन्. अहिब्रध्न also means the same. प्रतिशायित is one who lies down before a deity without food in order to secure some desired object. See कादम्बरी 'कृष्णाजिनप्रावृताङ्गैः कुरङ्गैरपि **प्रतिशयितैरिव** ... आराध्यमानाम्' (p. 226 of P). दीपिकाभिः दह्यमानाः कुलपुत्रकाः तैः प्रसाद्यमानं मातृमण्डलं यस्मिन्. For the divine Mothers, see above p. 26. The idea seems to be this:—the young nobles did not burn their limbs with lamps; they rather kept lamps on their heads to propitiate the Mothers and now and then had their skin burnt by accident. Even now worshippers of अम्बिका are in the habit of placing lamps on their heads and reverently going round the idol. Compare कादम्बरी 'ज्वलितलोहितमूर्धरत्नरश्मिभिः कृष्णसर्पैरपि शिरोधृतमणिदीपकैरिवाराध्यमानाम्' (p. 226 of P). मुण्डोपहाराहरणे उद्यतः द्रविडः तेन प्रार्थ्यमानः आमर्दकः यस्मिन्—where a man from the द्रविड country was solicit-

रिणां विकृतिर्जीवितमुच्यते बुधैः' रघु० 8. 87. The five भूतs (पृथ्वी, अप्, तेजस्, वायु and आकाश) are the प्रकृति of all bodies. पौनर्वसवः a descendant of पुनर्वसु or one who studies the science of medicine promulgated by पुनर्वसु. According to the चरकसंहिता (सूत्रस्थान I) Indra taught आयुर्वेद to भरद्वाज who instructed several sages of whom पुनर्वसु was one. पुनर्वसु imparted it to his pupils, अग्निवेश and five others, each of whom composed a work on आयुर्वेद. चरक edited what अग्निवेश had composed. 'अथ मैत्रीपरः पुण्यमायुर्वेदं पुनर्वसुः। शिष्येभ्यो दत्तवान् षड्भ्यः सर्वभूतानुकम्पया ॥' verse 29. अष्टा...देशीयः—for देशीय see notes p. 38. अष्टाङ्गस्य—The science of medicine is said by सुश्रुत to have eight parts *viz.* (1) शल्य (surgery), (2) शालाक्य (diseases of the eye, ear and other parts of the head), (3) कायचिकित्सा, (4) भूतविद्या, (5) कौमारभृत्यं (rearing up of children), (6) अगदतन्त्रं (antidotes), (7) रसायनतन्त्रं, (8) वाजीकरणतन्त्रम्. See सुश्रुत सूत्रस्थान Chap. I. 6–7. आयुर्वेद is an उपवेद of the अथर्ववेद. 'आयुरस्मिन् विद्यते अनेन वा आयुर्विन्दतीत्यायुर्वेदः' सुश्रुत सूत्रस्थान I. 14. सुत...लालितः cherished on the same footing as a son. पटीयसी *f.* comparative of पटु. सास्रः (अस्रेण सह, बहुव्रीहि) shedding tears. कथय...पश्यसि tell me the truth, if you perceive any thing evil (about the king's illness). यथा...यितास्मि I shall inform you (of the facts) as they are. Mark the first future आवेदयितास्मि. The young man by his profound study of the science of medicine understood that the king would not live for more than day.

P. 80 ll. 20–34 अत्रैव...नैषीत्. भवन...पालः the keeper of the palace lotus beds. कोकमाश्वासयन् encouraging or comforting a ruddy goose. 'कोकश्चक्रश्चक्रवाको रथाङ्गाह्वयनामकः' इत्यमरः. It should he remembered that Harsha called together the doctors in the evening (text p. 25 l. 10). In the evening the चक्रवाक becomes separated from its mate. For अपरवक्त्र, see notes p. 17. C and T read 'अपरवक्त्रा.' आस्स्व...वर्त्मनि remain in the path of discernment. सह...विरोचनः the sun mounts (resorts to) the top of Meru together with the glory of the beds of lotuses. सरोजिनी may mean 'bed' or 'lake' (compare the use of पुष्करिणी). 'पुष्करादिभ्यो देशे' पा. 5. 2. 135 (पुष्करिणी। पद्मिनी। सि. कौ.). कमल fades (*i. e.* its glory departs) when the sun sets. 'मेरुः सुमेरुर्हेमाद्री रत्नसानुः सुरालयः' इत्यमरः. All the planets were supposed to revolve round the fabulous mountain Meru. See व्यासभाष्य on योगसूत्र III. 25 'सप्तद्वीपा वसुमती यस्याः सुमेरुर्मध्ये पर्वतराजः...तस्य सूर्यप्रचाराद्रात्रिन्दिवं लग्नमिव वर्तते'. See also रघु० VII. 24. The verse suggests that the king (who was resplendent,

विरोचन) was going to Meru (heaven) together with his fair wife (the mother of Harsha). वा...ज्ञः who was proficient in the prognostications of words. क्षता (destroyed) धृतिः (courage) यस्य. तत्र च...नैषीत्—the principal sentence is तत्र च...एवंप्रायान् पितुरालापान् अनवरतं (ceaselessly) आकर्णयन्...निशां अनैषीत्. हारान्—pearl necklaces are cool. Notice that in this and the following clauses there is a charming resemblance of sounds between the names of the ladies addressed and the words in which they are called upon to do something for the king. मणि... वैदेहि—Vaidehî! place jewelled mirrors on my body. घन...क्षि Dhavalākshî! place (on me) the dust of the powder (क्षोदः) of camphor (घनसारः). 'अथ कर्पूरमस्त्रियाम्। घनसारश्चन्द्रसंज्ञः सिताभ्रो हिमवालुका' इत्यमरः ('घनस्येव सारोऽस्य शैत्यात् सिताभ्रत्वाच्च' क्षीरस्वामी). चन्दनचर्चा smearing the body with sandal. पाटय...मारुतम् cleave asunder (*i. e.* cause movement) the wind with a cloth. He wants her to cause a breeze with a piece of cloth. The Com. remarks 'पाटय पटुं कुरु'. But this it not necessary. Remove the comma after इन्दुमति and place it after अरविन्दैः. जलार्द्रा a fan wetted with water. मल्लिनाथ on शिशुपालवध I. 65 paraphrases जलार्द्राणां as 'जलोक्षिततालवृन्तानाम्'. But the अभिधानचिन्तामणि says 'जलार्द्रा क्लिन्नवाससि'. Compare कादम्बरी 'जलदेवताभिरिव सद्यःस्नातार्द्रचिकुरहस्ताभिरुपगृहीतसुरभिकोमलजलार्द्रिकाभिः' (p. 283 of P). Hence the meaning 'wet cloth' is preferable. तरलय make unsteady *i. e.* move. मूर्धानं...बधान bind my giddy (*lit.* running) head. उरसि...कुरु place on my chest the hand with spray. 'शीकरोऽम्बुकणाः स्मृताः' इत्यमरः. नैति निद्रा sleep does not come (to my eyes). अनैषीत् *Aorist* of नी.

P. 81 ll. 1–23 उषसि ... तिष्ठत्. भ्रातुरागमनार्थम्—It should be remembered that राज्यवर्धन had gone to vanquish the Hūṇas. उपर्युपरि one after another. क्षिप्र...ध्वगान् couriers that ran quickly. प्रज...पालान् swift camel-riders. परिजनेन उपनीतम् (brought, presented). प्रतिकर्म personal decoration, toilet. 'प्रतिकर्म प्रसाधनम्' इत्यमरः. विगतं मनः येषाम् (bewildered). अव्यक्तम् indistinct. किं रसायनः what about र०? अनुबध्यमानाः pressed, importuned. प्लुष्ट...स्तापेन as if scorched by an inner fire. उत्पाट्यमानम् torn up by the roots. कामं...जनः A high-born (अभिजातः) person would indeed cease to exist himself rather than convey like an ordinary (इतरः) man words that are unwelcome and distressing (अरतिकर). कृच्छ्रे in a calamity. उज्ज्वली...मस्य his noble birth naturally blessed has been rendered more brilliant

man to another and feel no pang in leaving one to go to another. कुलकलत्रम्—I am a lady of a noble house. चारित्रमात्रं धनं यस्याः. धर्मेण धवले spotless on account of its righteousness. प्रशस्तः पुरुषः पुरुषप्रकाण्डम्. 'मतल्लिका मचर्चिका प्रकाण्डमुद्धतल्लजौ। प्रशस्तवाचकान्यमूनि' इत्यमरः. वीरजा—Unfortunately Bāṇa does not give us the name of the family in which यशोमती was born. पराक्रमक्रीता bought by valour *i. e.* who cares only for valour or whose heart is won by valour. भरत—The reference is probably to भरत, the son of दुष्यन्त and शकुन्तला. There was another भरत, son of ऋषभ and grandson of नाभि after whom India came to be called भारतवर्ष. See for his story विष्णुपुराण II. 1 and 13 and मार्कण्डेय पु. 53. 40. भगीरथ—son of दिलीप and descendant of सगर—brought down the Ganges from Heaven. नाभाग—For the story of नाभाग, see विष्णुपु० IV. 1. and मार्कण्डेयपु० 113. There is a great deal of confusion about नाभाग. The रामायण makes him the son of नहुष and grandson of अम्बरीष (अयोध्याकाण्ड 110. 33); while in the विष्णु० he is represented to be the son of नेदिष्ट and father of अम्बरीष. In the अर्थशास्त्र of कौटिल्य (p. 12) we find that अम्बरीष was the son of नाभाग. वृन्दारक best; *m.* god. सेवायां संभ्रान्ताः (flurried) अनन्तसामन्तसीमन्तिन्यः ताभिः समावर्जितैः (poured) जाम्बूनदघटैः अभिषेकः. जाम्बूनदम् gold ('जम्बूद्वीपे जम्बूफलरसोत्थनद्यां जातं जाम्बूनदम्' क्षीरस्वामी). महादेवी...ललाटेन—My forehead secured the honour of having the fillet of chief queen tied round it. पट्ट is the broad band which runs round the crown immediately above the forehead. The बृहत्संहिता (chap. 49) gives some directions about पट्टs to be worn on the crowns of kings, queens &c. अमित्राणां कलत्राणि एव बन्दीवृन्दं (troop of captives) तेन. विधूयमानं चामरं तस्य मरुता चलं चीनांशुकं (silken cloth from China) तस्य धरौ. शिरःसु निहितं चरणयुगलम्—we need not take these words literally. What she means is that she completely humbled her co-wives. नमन्त्यः निखिलकटककुटुम्बिन्यः (the matrons of the whole capital) तासां किरीटेषु (diadems) माणिक्यानि तेषां मालाभिः अर्चितम्. All the matrons of the capital bowed at her feet, as she was the Mahādevî. एवं...यवा all whose limbs have thus been blessed. किमपरमपेक्षे what else should I expect (or hanker after)? आर्यपुत्रविरहिता bereft of husband (applies to both रति and यशोमती). दग्धस्य भर्तुः—काम, the husband of रति, was burnt by शिव; the king's body also would be burnt after his death. निरर्थकान्प्रलापान्—the author seems to have in mind particularly the fourth Sarga of the कुमारसम्भव of कालिदास, where we have रतिविलाप. We know from the Introduction to the हर्षचरित that बाण was a great admirer of कालिदास. पितुश्च...धूलिः I am like the dust of the feet of thy father *i. e.* I am very much inferior to your father. There is another idea. Dust raised up by the feet of a person goes up into the sky. She says that like dust she will go to heaven before her husband to announce the arrival of a hero like him to the Apsarases, who will therefore be pleased with her as the harbinger of good news. It was a poetic convention that the Apsarases were ready to welcome to heaven the heroes that died gloriously on the battle-field. प्रत्यग्र—fresh. धूमः ध्वजः यस्य—fire. मरणा...साहसम्—not to die, but to live at this time would be a cruel thing in me. अक्षयं—स्नेहेन्धनं (स्नेहः एव इन्धनं) यस्य. The fire of sorrow for my husband is fed up by the fuel of imperishable love; while ordinary fire is fed with fuel that may be exhausted. स्नेहः also means 'oil'. कैलासात् ईषत् न्यूनः कैलासकल्पः; see notes on the affixes कल्प, देश्य and देशीय p. 38. प्रवसति...श्वरे when the lord of my life is departing on a journey (*i. e.* is dying). जरत् तृणं तस्य कणिकावत् लघीयः (जीवितं) light like a bit of old (*i. e.* rotten) grass. जीविते...घटते *lit.* where can it be possible (or proper) that one should be covetous of life ? नर...पातकिनीम् that am guilty of the deadly sin of disregarding the death of the king. She means that to continue to live after the king's death would be a great sin in her. न स्प्रक्ष्यन्ति will not touch (*i. e.* I cannot enjoy the pleasures of your rule). दुःख...भवति prosperity (or grandeur) in those that are consumed by sorrow is inauspicious, accursed and useless. भूतिः means 'ashes' also. Ashes, except of the sacrificial fire, are अमङ्गल. 'भूतिर्भस्मनि सम्पदि' इत्यमरः. विश्व...वपुषा I wish to abide in this world not in flesh and blood, but in the glory of widows. The glory of widows was to burn themselves on the funeral pyre of their husbands. प्रसादयामि I beseech you. न...कदर्थनीयास्मि I should not be slighted by opposing my desire (to burn myself). कदर्थनीय *potential pass. p.* of the denominative verb from कदर्थ. कुत्सितः अर्थः कदर्थः, according to 'कोः कत्तत्पुरुषेऽचि' पा. 6. 3. 101 (when कु being the first member of a तत्पुरुष compound is followed by a word beginning with a vowel, it is changed to कत्).

P. 86 ll. 12–27 स तु...रुरोद. उभयकराभ्यां विधृतं वपुः यस्याः holding her body in both his arms. अवनितलगतं शिरः यस्याः. दुर्नि...धार्य concluding that her grief was impossible of being checked.

Uchchhvāsa VI

P. 91 **Verse 1** The metre of this verse and the next is आर्या, for which see p. 49. उच्चित्य having collected or gathered. प्रहिताः निगूढाः आत्मदूताः तैः नीतानाम्. The king sends his spies to find out valiant men; यम also sends his दूतs. विजिगीषुः (from the desiderative base of जि with वि) a conqueror. 'सनाशंसभिक्ष उः' पा. 3. 2. 168 (the affix उ is applied to desiderative bases, to the roots शंस् with आ and भिक्ष्). This verse contains a suggestion of the fate of राज्यवर्धन who was treacherously murdered by the गौड king, whose name the com. gives as शशाङ्क 'अनेनोच्छ्वासार्थः सङ्गृहीतः। तथाहि कृतोऽन्तो विनाशो येन स शशाङ्कनामा गौडाधिपतिः शूराणां राज्यवर्धनानुचराणां तत्सहितानां संग्रहमकरोत्। ...तथाहि तेन शशाङ्केन विश्वासार्थं दूतमुखेन कन्याप्रदानमुक्त्वा प्रलोभितो राज्यवर्धनः स्वगेहे सानुचरो भुञ्जान एव छद्मना व्यापादितः।'.

Verse 2 Construe खलस्य विस्रब्धघातदोषः वीरकोपकरः स्ववधाय (भवति). वि...करः the sin of murdering the confiding produces resentment in the mighty and brings about the death (of the murderer himself). नव...करिणः—the elephant wantonly breaks a young tree, but the noise of breaking robs the sleep of the lion that kills the elephant. Here खल refers to the गौड king who killed the young राज्य०. राज्यवर्धन's death by treachery roused हर्ष (वीर) to wrath and led to the destruction of the गौड king.

P. 91 ll. 5–20 **अथ...जीवितम्.** अथ...द्राक्षीत्—the sentence is अथ...देवो हर्षः...महाजनेन...अकाले आत्मानं वेष्टयमानं अद्राक्षीत्. प्रथमं प्रेतपिण्डं भुङ्क्ते इति० भुक् तस्मिन्. प्रथम...जन्मनि when the ब्राह्मण, that takes the first oblation offered for the dead, had been fed. गतेषु अशौचदिवसेषु—the impurity due to the death of a सपिण्ड lasts for ten days. 'दशाहं शावमाशौचं सपिण्डेषु विधीयते।' मनु० V. 59. दीयमा...कलापे—even now the bed and other things of the dead are given to ब्राह्मणs. The धर्मसिन्धु (परि० III) says 'एकादशाहे शय्यादाने एष विधिः स्मृतः। तेनोपभुक्तं यत्किंचिद्वस्त्रवाहनभाजनम्॥ यद्यदिष्टं च तस्यासीत्तत्सर्वं परिकल्पयेत्।'; and 'अश्वं रथं गजं धेनुं महिषीं शिबिकादिकम्। शालग्रामं पुस्तकं च कस्तूरी कुङ्कुमादिकम्॥ दासीं रत्नं भूषणादि शय्यां छत्रं च चामरम्। दद्याद्वित्तानुसारेण प्रेतस्तत्तत्सुखं लभेत्॥.' अमत्रम् a goblet, vessel. पत्रम् vehicles. 'पत्रं वाहनपक्षयोः' इत्यमरः. C and T read 'नृपतिकट' and translate 'the various appurtenances of the royal bier.' This is not good. The personal property, as it were, of the deceased king was distributed, as, if retained, it would have reminded the survivors every now and then of the use which the departed made of those articles. कीकसम् bone. The bones of the deceased king were taken to holy places. The people's hearts also, when they heard that the bones were being taken to तीर्थs, ran thither out of devotion to the king. कल्पित...चिह्ने when the tomb on the spot of the funeral pyre had been covered with a plaster of *chunam*, which (tomb) became a dart of sorrow. कल्पितं शोकशल्यं येन—the tomb remained there to remind people of their loss, as the point of a dart may permanently remain in the body. चैत्यचिह्नम् monument, tombstone. B reads कल्पित...शल्येषु; and C and T connect it with कीकसेषु. This is not bad. The meaning would be 'the bones had been like the points of darts' (in the hearts of the people). महाजिजिति the victor in great battles (आजिः). विसर्जिते—even now on the 11th or 12th day after death a bull is let loose for the dead. As the deceased was a king, an elephant was let loose. उत्सार्य... शय्यासु when the beds used in misfortune were being cast aside. The धर्मसिन्धु says that in mourning one should lie down on a bed of mats 'तृणकटास्तीर्णभूमौ पृथक्शयीरन् न कम्बलाद्यास्तीर्णभूमौ' (परि० III). उप...क्षमेषु capable of listening to advice. अनु...योग्येषु fit to pay attention to requests (अनुरोधः). गण...गुणेषु—when everybody had become so far composed as to be able to recount the virtues of the king. प्रदेश...शोके—C and T translate 'Grief was becoming a moral theme'. It is not clear how this meaning is arrived at. The meaning seems to us to be 'when grief came to have a limited scope' *i. e.* when शोक was not to be found at all seasons and places, but only at particular times and places. कृतेषु...तकेषु when the poets had sung their dirges. Take away the comma after ०स्थाने. स्वप्नावशेषं दर्शनं यस्य—For some days after his death, the people felt as if the king was among them. उत्सृष्टः व्यापारः येन who was doing nothing. महाजनेन by a great company. मौलेन hereditary. किमन्यत् what else (can it be)? लोकानां आकरः समूहः. अधिकतरः प्रचारः यस्य who moved about more (than the others). C and T translate 'a man of distinguished bearing'. सोदर्यस्नेहे निहितः (*lit.* placed in *i. e.* added to) निरतिशयः मन्युः शोकः तेन मृदूकृतं मनः यस्य. What is p aced in स्नेह (oil) may become soft. उत्पीडः mass, flood.

P. 91 l. 21—**P. 92** l. 19 अनन्तरं...गात्. The principal

विद्रुतं चेतः यस्य whose heart was melted or agitated. पर्याकुलं वासः यस्य whose dress was disorderly. निवारणे उद्यतं मनः यस्य. नखेन लिखितं मणिकुट्टिमं (jewelled pavement) यैः—when a person is in reverie, he often scratches the pavement with his nails. प्रज्ञाततमः extremely well-known. विमुक्तः आक्रन्दः येन.

P. 95 l. 32—**P. 41** l. 8 **अथ...इति.** अस्माकं व्यसनं तस्मिन् व्यवसायः तस्य वर्धनं तस्मिन् बद्धा धृतिः येन (*adj.* of विधिः) that is fi·m in increasing its efforts (व्यवसाय) to bring down calamities on us. अधृतिकरम् causing loss of steadiness of mind. The sentence is विधिः इतः अधिकतरं अधृतिकरं किं अपरं दुःखातिशयं समुपनयति. छिद्रेषु प्रहर्तुं शीलं एषां इति छिद्र० that strike at a weak point. अवनिपतिः = प्रभाकरवर्धनः. ग्रहवर्मा मालवराजेन जीवलोकं त्याजितः—ग्रह० was made to leave this world (*i. e.* was killed) by the king of Mālvā. Dr. Buhler suggested that देवगुप्त was the name of the Mālava king and that मालव is not Mālvā in Central India, but the Mālvā in Punjab near Thanesar (E. I. Vol. I. p. 70). Vide Introduction. आत्मनः...त्याजितः—(the मालव king) in killing ग्रहवर्मा made his own (मालवराज's) merit to leave himself. The idea is that he by that act became bereft of all पुण्य if he had any. This is a fine example of the figure सहोक्ति. कालायसनिगडयुगलेन चुम्बितौ चरणौ यस्याः. निगडः chains. कान्यकुब्जे—the modern Kanoj, which seems to have been the capital of the Maukhari ग्रहवर्मा. किंवदन्ती rumour. अ...मत्वा thinking that the army is without a leader. The reference is to the army of Thanesar. '**साधनं** मृतसंस्कारे **सैन्ये** सिद्धौषधे गतौ' इति मेदिनी. जिघृक्षुः desirous of seizing (this kingdom).

P.96 ll. 9-34 **ततश्च...दिदेश.** अनुपेक्षणीय—not fit to be treated with indifference. व्यतिकरः occurrence, calamity. 'अथ **व्यतिकरः** पुंसि **व्यसन**व्यतिषङ्गयोः' मेदिनी. अश्रुत...भवस्य humiliation not having been even heard of before (by राज्य०). The author assigns reasons why the deep-seated affliction of राज्य० at once disappeared. परिभव refers to the treatment meted out to राज्यश्री, the sister of राज्य०. वीर...जन्मनः because his birth was in a family of heroes. कृपा...भूतायाः who now became an object for compassion (because she was widowed and imprisoned). बद्धं मूलं येन that had taken deep root. ललाट...भिद्यत on his forehead a frightful frown of the eyebrow appeared. The frowning brow is compared to यमुना, the sister of यम, the waters of which are dark (श्यामायमाना). The brow also is dark. केशिनिषूदनः (कृष्णः) तस्मात् शङ्का (fear) तया आकुलं कालियकुलं तस्य भङ्गुरा भ्रूः तस्याः

भङ्गैः तरङ्गिणी—The river had ripples owing to the knitting of the brows of the family of the serpent कालिय that was afraid of कृष्ण. The eyebrow of राज्य० also presented a wavy appearance on account of the frowns it had. केशिन् was a दैत्य in the form of a horse sent by कंस to kill कृष्ण in वृन्दावन. कृष्ण put his hand in its mouth, when it increased. Kes'in was cut in two. See विष्णु पु० V. 16. कालिय—the reference is to कालियमर्दन. The serpent was in the waters of the यमुना and rendered it poisonous. No tree except a कदम्ब grew on its banks. कृष्ण threw himself from the कदम्ब into the Jumna and trod upon the hoods of the serpent. The serpent and its wives begged कृष्ण to show mercy. कृष्ण said 'नात्र स्थेयं त्वया सर्प कदाचिद्यमुनाजले । सभृत्यपरिवारस्त्वं समुद्रसलिलं व्रज ॥ मत्पदानि च ते सर्प दृष्ट्वा मूर्धनि सागरे । गरुडः पन्नगरिपुस्त्वयि न प्रहरिष्यति ॥'. विष्णुपु. V. 7. 75–76. यमुना was the daughter of सूर्य and संज्ञा and sister of यम. See मार्कण्डेयपु० 77. परामृशन् (*adj.* of ०पल्लवः) rubbing or striking. दिङ्नागस्य (दिग्गजस्य) कुम्भकूटवत् विकटः तस्य—that was as broad (or formidable) as the conical head front of a दिग्गज. For कुम्भ, see p. 109. बाहु...पल्लवः—with his left hand he stroked the upper part of his (right) arm, as wrestlers do when they get ready for a wrestling match. The word कोष is used because the upper part looked like a bud. नख...षेकमिव चकार—When he stroked his arm with his hand, the rays of the nails, which looked like water, brightened it. Hence the poet fancies that the arm was bathed in the water (rays of nails) in order to honour it preparatory to undertaking the responsibility of a fight. The com. says that कोष is an ordeal. With this sense all the words cannot be explained. But it is possible to explain some. Before the ordeal, the person charged had to bathe (अभिषेक). The कोश ordeal is described as follows in the व्यवहारमयूख 'तमाहू—याभिशस्तं तु मण्डलाभ्यन्तरे स्थितम् । आदित्याभिमुखं कृत्वा पाययेत्प्रसृतित्रयम् ॥ पूर्वोक्तेन विधानेन स्नातमार्द्राम्बरं शुचिम् । अर्चयित्वा तु तं देवं प्रक्षाल्य सलिलेन तु । एनश्च श्रावयित्वा तु पाययेत्प्रसृतित्रयम् ॥'. सङ्गलत् स्वेदसलिलं तेन पूरितं उदरं यस्य (*adj.* of पाणिरपरः). निर्मूलं...केश इव as if he had seized the hair (of the Mālava king) in order to tear him up by the roots. His wrath made him perspire and quiver and made his right hand seize his sword. The dark sword resembles केश. So the poet fancies he seized not the sword but the hair of मालवराज. दुर्मद...ग्रहेव as if eager to seize the hair of the haughty Glory (in amorous sport). स्वेद and कम्प are two of the eight

19

face of enraged heroes. तपस्वी miserable or helpless man. अभिचार: magical spell for securing some malevolent purpose. विप्रकृता: (1) insulted, injured (with मनस्विनः); (2) worked by Brāhmaṇas (with अभिचाराः). When high-souled (or spirited) persons are insulted they at once bring about the ruin of the whole family, as spells employed by Brāhmaṇas do. जले...तेजस्विनः—every word has double meanings here. जडेऽपि...स्विनः the mighty, when struck, become inflamed even against a dullard. Because it is a fool that strikes, they would not tolerate it. In श्लेष, ड् and ल् are identical. See above p. 125. जले...स्विनः the bright (flashes) of lightning blaze forth even in water. तडित् (विद्युत्) तस्याः इमे ताडिताः. सकल...बाह्यस्य who is outside the pale of all assemblies of heroes. He has rendered himself an outcast by this deed. Or we may also explain that he, never frequenting वीरगोष्ठी, does not know the code of chivalry. अविद्यमानः उत्तारः (crossing) यस्य स अनुत्तारः निरयः (hell) तस्मिन् पातः तत्र निपुणम्. This action will hurl him into hell from which there will be no return. प्रधने (युद्धे) प्रधानं धनं. The bow is the chief wealth in battle to the powerful. कमला (लक्ष्मीः) एव कलहंसी तस्याः केलिः (sport) तदर्थं कुवलयकाननम् (in apposition with कृपाणे) The sword being dark is compared to कुवलयकानन (as कुवलय is a blue lotus). The कलहंसी plays among lotuses. लक्ष्मी plays among swords *i. e.* it goes over to the stronger sword. मनस्विनां कृपणो...त्थानस्य to the strong the churning of the sea &c. are but vile expedients to raise Lakshmî up. We may also say 'कृपणानां देवासुराणां उपायाः' (means to be employed only by wretched persons). लक्ष्मी rose up (समुत्थान) from the sea after मथन. लक्ष्मी (fame) rises up (*i. e.* spreads) in the case of the strong, who employ only their bow and sword for achieving it. ईदृशाः—refers to the treachery of the Gauḍa king. त्रातुं नियुक्ताः गिरयः—It was believed that the mountains made the earth steady. See p. 6. ll. 8–9 (text) 'भिषजो भूधरा इव भुवो धृतिं चक्रुः'. कुलिशं (वज्रं) तद्वत् कर्कशः भुजः परिघः इव तस्मिन् प्रहरणं (शस्त्रं) तस्य हेतोः तदर्थम्. स्वयम...लोहानि the idea is :—mountains yield iron from which weapons are made. The poet fancies that mountains yield iron, because they are themselves unable to discharge the task of protecting the earth and desire that others should do their work with the weapons made of iron. येषाम्—connect with उद्गिरन्ति गिरयो लोहानि—'for whom.' ०हेतोः (उद्गिरन्ति)—when the word हेतु is used for denoting 'object or purpose,' it is put in the genitive 'षष्ठी हेतुप्रयोगे' पा. 2. 3. 36 (अन्नस्य हेतोर्वसति । सि. कौ.). वि...न्धवाः friends of spotless fame. कथं ध्यायेयुः अकार्यम् how will they even think of doing an evil deed? सर्व...स्वराणाम् (1) glorious by the overwhelming strength in seizing everything (सर्वस्य ग्रहः तेन अभिभवः तेन भास्वराः); (2) brilliant by overshadowing all the planets (सर्वेषां ग्रहाणां अभिभवः तेन &c.). सु...तः in front of (*i. e.* as compared with) the hands of great warriors. दि...कराः the करs (hands, rays) of the sun are crippled in grasping the quarters (as compared with &c.). The idea is:—the sun's rays take time in occupying all the directions; but the warriors seize the world by a single stroke. दिग्ग्रहणे—here there is also an allusion to पाणिग्रहण in marriage. लोक...यमस्य merely in popular report is the south the abode of Yama, but in reality it is the frowning brow of a warrior (that is the abode of यम) *i. e.* it is the wrath of the warrior that deals death. महा...ला (1) the spaces of which are rendered terrible and curling with the wavy lines of the horns of the great Buffalo (महामहिषशृङ्गस्य तरङ्गवत् भङ्गाः तै भङ्गुराणि भीषणानि अन्तरालानि यस्याः); (2) the intervening space between which (eyebrows) is terrible and wavy like the curling lines of the horns &c. (with भ्रुकुटिः, ०भङ्गवत् भङ्गुरं भीषणं च अन्तरालं यस्याः). The Com. seems to have read तरङ्गभङ्गुरभङ्गभीष०, which is good (तरङ्गवत् भङ्गुरः भङ्गः तेन तद्वत् वा &c.). For यम and his buffalo, see pp. 71, 81. चित्रम् *adv.* it is wonderful. उन्मुक्तः सिंहनादः यैः (1) who raise a war-cry; (2) who let loose सिंहनाद (the commander-in-chief of हर्ष). Separate सहसा साहस०. साहसरसेन रोमाञ्चाः एव कण्टकाः तेषां निकरेण. The idea is:—warriors raise war-cries in battle and their bodies are thrilled. When they raise सिंहनाद, the रोमाञ्च comes out (निर्यान्ति); then it is but natural to expect that manes should come out on their bodies by सिंहनाद along with रोमाञ्च. But this does not happen and hence the word चित्रम्. द्वयमेव...भाजनम् only two are (the proper) receptacles for the mass of wealth that springs from the four oceans. प्रति...दाहि that burns its enemies (applies to both ०मुखं and ०हृदयं). वडवामुख the submarine fire. See for वाडव or और्व, p. 124. The submarine fire is supposed to have the face of a horse (वडवा a mare). See महाभारत आदिपर्व 180. 'ततस्तं क्रोधजं तात और्वोऽग्निं वरुणालये । उत्ससर्ज स चैवाप उपयुङ्क्ते महोदधौ ॥ महद्धयशिरो भूत्वा यत्तद्वेदविदो विदुः । तमग्निमुद्गिरद्वक्त्रात्पिबत्यापो महोदधौ ॥' 21–22. The word भूति also means 'ashes'. Ashes are collected in a vessel (भाजनम्). तेजस्विनः...निवृत्तिः how can the inborn fire of the powerful rest

The scene of the मालतीमाधव is laid in पद्मावती, which seems to have been in Malva. As to the secrecy to be observed in the case of मन्त्र, see above p. 37. The Com. says 'नागसेननामा...राजा मन्त्रिणमर्धराज्यहरमपाकर्तुं शारिकासमक्षं मन्त्रमकरोत् । स चापि मन्त्री शारिकामुखाद्विज्ञाय विस्रम्भपूर्वकं तं दण्डेनावधीत्'. शुकात् श्रुतं रहस्यं यस्य. श्रावस्त्याम्—श्रावस्ती was a famous city in the ancient kingdom of अयोध्या north of the Ganges, identified with the ruins at Sahet-Mahet. स्वप्नायमानस्य speaking in a dream. चूडामणौ लग्नं लेखप्रतिबिम्बं तस्मिन् वाचितानि अक्षराणि यया. What the king had written was reflected in his crest jewel, which the chowrie-bearer standing by his side read. यमतां ययौ became यम *i. e.* caused his death. यवनेश्वर—A Yavana king. The word यवन primarily meant the Greeks, but was subsequently applied to any non-Indian people. लोभबहुलं full of greed. बहुलनिशि on a night of कृष्णपक्ष. निधानम् a treasure. उत्खा...थिनी pounding with drawn swords. माथुरम् of मथुरा (on the Jumna). माया...र्गताः issuing from the body of a sham elephant. वत्सपति king of the वत्स country. न्ययंसिषुः—*Aorist* of यम् with नि—imprisoned. उदयन, king of वत्स, the capital of which was कौशाम्बी (modern Kosam about 30 miles above Allahabad) is a famous king in ancient legendary lore. चण्डमहासेन, king of उज्जयिनी, wanted to conquer him. उदयन was fond of catching elephants. So चण्डमहासेन prepared a wooden elephant, had warriors concealed in it and placed it in the विन्ध्य forest. उदयन was captured and brought to उज्जयिनी, but spared at the request of the citizens. उदयन taught music to वासवदत्ता, daughter of चण्ड०, and after several adventures escaped with her from prison and married her. See for a full account बृहत्कथामञ्जरी II. 2. कालिदास refers to it in the मेघदूत 'प्रद्योतस्य प्रियदुहितरं वत्सराजोऽत्र जह्रे'. अतिदयितं लास्यं यस्य. For लास्य, see p. 28. शैलूषः an actor, 'शैलालिनस्ते शैलूषा जायाजीवाः कृशाश्विनः । भरता इत्यपि नटाः' अमरः ('शिलूषस्य ऋषेरपत्यं शैलूषः' क्षीर०). The Com. says: 'सुमित्रो राजा...स्त्रीजनपरिवारे इव नटजने विस्रब्धो मित्रदेवेन नटत्वमाश्रित्य हतः । स च योगचूर्णावचूर्णितस्तिरोहितो बभूवेति । अतो व्यसनिभिः प्रकृतलोकविश्वसिभिर्न भाव्यमित्युक्तम्'. प्रियाणि तन्त्रीवाद्यानि (stringed instruments, lutes) यस्य. अलाबूः (gourd) वीणा च तयोः अभ्यन्तरे सुषिरं (cavity) तस्मिन् निहिताः निशिताः तरवारयः (swords) यैः. गान्धर्व...छद्मानः who had disguised themselves as students of music. गान्धर्वम्—the art of the गन्धर्वs *i. e.* music. अश्मक is the name of the country about the Ajanta caves. See J. B. B. R. A. S. Vol. VII p. 62. प्रज्ञादुर्बलम् weak in intelligence, foolish. बल...सैन्यः who displayed his whole army on the pretext of showing his power (to his master). मौर्यम् of the famous Maurya dynasty of Magadha, to which the great चंद्रगुप्त and अशोक belonged. In this case we are on firmer ground. According to the Purāṇas, बृहद्रथ was the last of the Mauryas. पुष्यमित्र was the founder of the S'unga dynasty. The महाभाष्य also refers to him as a contemporary (Kielhorn's ed. Vol. II pp. 34 and 123). See the विष्णुपु० IV. 24 and भागवतपु. XII. 1. for the S'ungas, where numerous dynasties of kings are mentioned. आश्च...ली being curious to know or see marvels. चण्डीपतिः seems to be the name of some king; or means 'king of चण्डी.' दण्डे उपनतः यवनः तेन निर्मितेन prepared by a यवन that had been imprisoned or that had approached for punishment. The idea seems to be that चण्डीपति had taken some यवन as captive who prepared an aerial car moving by some machinery. C and T translate 'by a यवन condemned to death' and connect काकवर्णः with अनीयत in this sentence. काकवर्णः शैशुनारिः—we must read शैशुनागिः with three MSS. of B. The विष्णुपु० (IV. 24) mentions a शैशुनागवंश of ten kings, the founder of which was शिशुनाग and the second of whom was काकवर्ण. शुङ्गम् belonging to the शुङ्ग dynasty. The name of the last शुङ्ग king was देवभूति according to the विष्णुपु०. वसुदेवः—he was the founder of the कण्व dynasty. देवीव्यञ्जनया disguised as his queen. असु...सनिनं (*adj.* of मागधं) who was very fond of mines (of treasure). The word असुरविवर is used very frequently by बाण. It is not easy to give the exact sense. In the 3rd उच्छास we have 'यः...असुरविवरमिति वातिकैः (अगृह्यत)'; on p. 7 (text, 4th उच्छ्वास) we have 'असुरविवराणीवापावृतानि'; 'लग्नासुरविवरप्रवेशपिशाचेन' कादम्बरी (p. 227 of P.). One of the companions of Bâṇa's youth was 'असुरविवरव्यसनी'. We think that असुरविवर was a term applied to mines worked up in bygone days. They were believed to have been the work of असुरs and to lead to the treasures of Pātāla in hopes of reaching which many people might have endangered their lives. The Com. remarks "वातिकछद्मभिः 'अहिविवरं साधितं तपसास्माभिः' इत्युक्त्वा मागधो गुहाद्वारप्रतिद्वारैर्बद्धोऽभूत्". सुरुङ्गा or सुरङ्गा—a subterranean passage or tunnel. In the passage many women had been placed, whose jingling anklets allured the king onwards. मागधम् king of मगध, modern Bihar. 'गोधनः सूर्याख्यः पर्वतः' Com. The ब्रह्मपुराण mentions a mountain गोधन (27. 22). मेकल is that mountain from which the नर्मदा springs. महाकालमहे in the festival of महाकाल. महाकाल is a form of शिव. There is a celebrated shrine of महाकाल at उज्जयिनी. 'मह उद्धव

कल्माषशबलैताश्च कर्बुरे' इत्यमरः. चर्ममण्डलं round shield. On कार्दरङ्गक (the reading of the com.), it says 'कार्दरङ्गकानि कार्दरङ्गदेशोद्भवानि बहुसुवर्णसूत्ररचितानि चर्माणि .स्फोटकाः स्निग्धवर्णमांसस्फारणि कार्दरङ्गचर्माणि'. आस्कन्दन्तः (careering) काम्बोजवाजिनः तेषां शतं तस्य शिञ्जानं जातरूपायानं (golden ornament) तस्य रवेण मुखरितानि दिङ्मुखानि यैः. As to the breed of काम्बोज horses, see above p. 30. 'आयानमश्वभूषणम्' com. 'लम्बापटहाः पटहभेदाः तमिलाः इति प्रसिद्धाः' com. उन्मुखैः पादातैः प्रतिपाल्यमानः आज्ञापातः येषाम् whose commands were awaited by footmen with upturned (*i. e.* expectant) faces.

P. 111 ll. 2–27 **उदिते...नरपतिः.** समा...शंसी declaring the time of the king's arranging his army. **'समायोगस्तु** संयोगे **समवाये** प्रयोजने' मे०. The principal sentence is अथ नचिरादिव प्रथमप्रयाणे एव दिग्विजयाय...निर्जगाम नरपतिः. प्रथम०—the idea is:—many kings start on दिग्विजय after several less ambitious expeditions; but in the case of हर्ष his very first march was for दिग्विजय. दिग्गज...कुर्वाणया that as if brought the king into the company of the *diggajas* by the graceful play of the movements of its ears waving to and fro as it went on. The flapping of ears produced a sound which caused echoes in the sky and reached the दिग्गजs who thus came in contact with हर्ष. Or समागम may mean 'assemblage' (of दिग्गजs). सिद्धयात्रया (सिद्धा यात्रा यस्याः) auspicious for expedition. वैदू...कटेन that looked formidable with its rod of *lapis lazuli*. विदूरात् प्रभवति वैदूर्यम् according to 'विदूराञ्ञ्यः' पा. 4. 8. 84. उपरि goes with ध्रियमाणेन. प्रत्युप्ताः (inlaid) पद्मरागखण्डाः तैः खचितं तस्य भावः ०खचितता तया. सूर्योदय०—The idea is:—the umbrella was inlaid with rubies; hence it looked dark-red. The poet fancies that it was angry at the sight of the red rising sun. It could not brook another round object like itself. A person's face, when angry, becomes red. Supply उपलक्षितः after मङ्गलातपत्रेण, according to 'इत्थंभूतलक्षणे' पा. 2. 3. 21. कदलीगर्भात् अभ्यधिकः म्रदिमा यस्य (*adj.* of कञ्चुकेन). See p.14 (text) 'अकठोररम्भागर्भकोमलैः'. भोगिनां अधिपतिः = शेषः. भोगिनाम् also means 'of kings'. कञ्चुकेन—हर्ष wore a tunic, which resembled the slough (कञ्चुक) of a serpent, which also is अङ्गलग्न. क्षीरोद...वाही—हर्ष wore clothes (अम्बरं) as white as the foam of the Milky Ocean. The day of churning had a sky (अम्बरं) white with the clouds of foam. So the king is compared to मथनदिवस. His white umbrella was like the sky white with foam and his fine robes were like the fine slough of Vāsuki, who served as the rope in the churning. 'शेषोऽनन्तो

वासुकिस्तु सर्पराजोऽथ गोनसे इत्यमरः. For वासुकि and अमृतमथन, see p. 46. बाल...रूढः who attained to the position of Indra, while still young (with हर्ष); which grew in the land of Indra (heaven) while still young (with पारिजात tree). The पारिजात tree, the moment it was churned out, was taken by Indra. विधूयमानेन चामरेण यः मरुत् तेन विधूता कर्णपूर—कुसममञ्जरी तस्याः रजसा (with the pollen). दिशः छुरयन् overspreading the quarters. The pollen spread on the earth; the poet fancies that it was the magic powder for subduing the world. अभिमुखे (turned towards the sun, or worn in front) चूडामणौ घटमानं (formed) पाटलं (reddish) प्रतिबिम्बं यस्य. As the morning sun was red, its reflection also was red. The poet fancies that हर्ष as if drank with his own lustre the sun (in the form of the reflection in his crest-jewel). बहलं ताम्बूलं सिन्दूरमिव तेन छुरितया (०मुद्रया) that was overspread with thick vermilion-like betel. ओष्ठमुद्रया by his closed lips. विलभ...रागस्य as if making a gift of the various continents to अनुराग (redness, devotion or loyalty). His lips red with betel made the world red (*lit.* gave up the world to redness). A devoted servant receives gifts which are confirmed with the stamp of the royal seal (मुद्रा) in virmilion. Vide above p. 32. स्फुरन्ति महाहारमरीचीनां चक्रवालानि. स्फुर...ग्राहयन् the idea is:—the rays of the large necklace worn by Harsha spread in all directions. The rays were white like chowries. So the poet fancies that he made the quarters hold chowries for him. राजकस्य ईक्षणे उत्क्षिप्तः त्रिभागः (तृतीयो भागः) यस्याः (*adj.* of भ्रूलतया). A command may be given by the movement of the brow. बाहुप्राकारेण by the rampart of his arms. परि...खातान् as if surrounding even the seven ocean ponds with the desire of protecting them. There is a picturesque effect. Ordinarily it is a ditch (खातं) that protects a wall (प्राकारः) against an attack. Here the seven oceans are so many ponds in the eye of Harsha, who protects them with his arms, the walls. लक्ष्म्या...गूढः he was embraced by लक्ष्मी (sovereignty; लक्ष्मी that sprang out of the ocean). The eyes of the people of the camp were fixed on him (drank him). The poet says they did so because he had become अमृतमय as लक्ष्मी embraced him taking with her all the sweetness of the ocean. हृदयेषु...मज्जन्निव he plunged into the hearts (of the kings) by the greatness of his qualities. Every thing that has गौरव (heaviness) also goes deep in a fluid. स्नेहार्द्र affectionate; fluid with oil. मज्जामपि even the marrow (of

वस्य. पिता...यूथेन the swarm of swans that are the conveyance of Brahmâ. हंसs have white wings 'हंसास्तु श्वेतगरुतः' इत्यमरः. अत्रिनेत्र-निर्गतस्य—The moon is said to have sprung from the lustre of Atri's eye. See हरिवंश 25 'नेत्राभ्यां वारि सुस्राव दशधा द्योतयद्दिशः। तं गर्भं विधिना हृष्टा दश देव्यो दधुस्तदा ॥ समेत्य धारयामासुर्न च ताः समशक्नुवन्। स ताभ्यः सहसैवाथ दिग्भ्यो गर्भः प्रभान्वितः। पपात भासयंल्लोकाञ्शीतांशुः सर्वभावनः।' verses 6–8. Compare 'अथ नयनसमुत्थं ज्योतिरत्रेरिव द्यौः' रघु. II. 75. कुमुद्s bloom in moonlight. उद्गमनक्षणः the moment of the emergence. पुण्डरीक has a long stalk like the handle of an umbrella and is white. आहिते...क्षणाम् as if the eyes (of people) had been satiated with the delight of seeing a moonlit evening. उदमांक्षीत्—Aorist of मस्ज् with उद्—emerged. मन्दाकिनी is the celestial Ganges and hence the word अम्बरोदरे (in the sky). महत् goes with ०मण्डलम्. The umbrella also was covered with an अम्बर (cloth). परि...निशया as if the day had been exchanged for a full moon night. The umbrella was raised up in space. But its mellow white light made the day look like night lit up by the full moon. The full moon also is white and round. इन्दूदयसन्देहेन दूयमानं मानसं येषाम् (*adj.* of मिथुनैः). As the umbrella looked like the moon, the चक्रवाकs thought that the time for separation had come. See p. 57 for चक्रवाक. विघटितं connect with ०मिथुनैः. विघटमानाभ्यः (that separated or opened) चञ्चुभ्यः च्युताः मृणालकोटयः येषाम्. The चक्रवाकs opened their beaks from grief and let fall from them the ends of fibres. आसन्नकमलिनी neighbouring lotus lake. ०पटलाशङ्कया सङ्कोचितं केकाखमूकं मुखपुटं येषाम्. The peacock is in its glory before the advent of the rains and its feathers begin to drop after the rains. The white umbrella they took to be an autumnal cloud. प्रबुद्धं कुमुदषण्डैः the beds of कुमुदs awoke (opened). आबद्धः चन्द्रात् (चन्द्रदर्शनात्) आनन्दः तेन उद्दामं उद्दलत् (opening) दलपुटं तस्य अट्टहासः तेन विशदं यथा स्यात् तथा. चित्रीयमाणं (विस्मयमानं) चेतः यस्य. चित्रीयते is a denominative verb from चित्र according to 'नमोवरिवश्चित्रङः क्यच्' पा. 3. 1. 19. The principal sentence is ०चेता...राजा दृष्ट्या सादरं ऐक्षिष्ट तत्...महच्छत्रम्. दण्डस्य अनुसारेण अधिरोहतीति—(eye) that mounted up following the track of the handle (of the umbrella). शैश...द्वीपस्य as if it were the babyhood of the white continent. A person, when a baby, is much fairer than when grown up. श्वेतद्वीप—In श्वेतद्वीप everything was supposed to be white; compare श्वेत द्वीपनिवासमिव...अनुभवति जने' का.द० (p. 162). For a description of श्वेतद्वीप see शान्तिपर्व chap. 336. 'आलोकयन्नुत्तरपश्चिमेन ददर्श चाप्यद्भुत-

मुक्तरूपम् । क्षीरोदधेर्योत्तरतो हि द्वीपः श्वेतः स नाम्ना प्रथितो विशालः ॥' 8 'श्वेताः पुमांसो गतसर्वपापाः' 10. अंशावतार—partial incarnation. When a portion of a deity appears in flesh and blood, that is अंशावतार, as opposed to पूर्णावतार. धर्म must be white (pure); its heart will be whiter. दन्ताः मण्डलकमिव तस्य द्युतिः तेन धवलं. A face (मुख) is illuminated by the lustre of white teeth. The commencement (मुखं) of the regime of an emperor (चक्रवर्तिन्) is marked by a मण्डल. For मण्डल (with reference to चक्रवर्ति) see p. 42. Further the umbrella was white and round and resembled ivory (दन्त) in its whiteness; or perhaps its ribs were made of ivory. मौक्तिक... दिवः—०परिकरेण or परिकरवत् वा सितम्. The idea is:—The umbrella was white, being surrounded by a band of bunches of pearls. It resembled the parting line of the hair of the damsel (Heaven). In the सीमन्त of a woman there may be a pearl ornament. The heaven has the ring (चक्र) of the Milky Way which is white and is like a सीमन्त and the stars therein resemble pearls. बहलज्योत्स्नया शुक्लं उदरं यस्य. The fully expanded umbrella was like the halo of the moon and its centre was like the orb of the moon. शौक्ल्येन अपहसिता शङ्खश्रीः यस्य येन वा. The umbrella was whiter than a conch. It was also whiter than the head front (शङ्खः) of ऐरावत. ऐरावत is white; compare 'ऐरावतदेहच्छविमिव (महाश्वेताम्)' काद० p. 129. An elephant's ear is always flapping and hence the umbrella is compared to the motionless ear of ऐ०. आवर्तः whirlpool. त्रिविक्रमस्य = विष्णोः. The Ganges is said to have sprung from the foot of Vishṇu. Compare 'वामपादाम्बुजाङ्गुष्ठे नखस्रोतोविनर्गता । विष्णोर्बिभर्ति यां भक्त्या शिरसाहर्निशं ध्रुवः ॥' विष्णुपु० II. 8. 110. See also मार्कण्डेय 56. प्रचेतसः = वरुणस्य. मानस...वेशम् which (umbrella) was surrounded by rows of chowries made of lotus fibres from the मानस lake. The white fibres resemble the bright rays of the crest jewel of वरुण. श्लिष्ट closely stuck. उपरि लक्ष्मणा... शिखरम्—on the top of the umbrella there was the emblem (लक्ष्मन् *n*) of a हंस with wings spread out. वितते पत्रे (पक्षौ) यस्य. चक्र...निश्चलेनेव—the figure of the हंस on the umbrella was naturally motionless. The poet fancies that it was a living हंस motionless because it was intent upon listening to the jingle of the anklets of the Glory of an emperor. For हंस listening to anklets, see p. 95. स्पर्शवता = सुखस्पर्शेन or मृदुस्पर्शेन. प्रभाव...मृणालेन नीतेन दण्डताम्— its handle was made of a lotus stalk from the मन्दाकिनी, which (stalk) was made stiff by the power (of वरुण). मुकुलिता (contracted) फणा यस्य. वासुकि the lord of serpents is pale and

from स्था with उद्. This gerund here conveys the idea of haste. 'अपादाने परीप्सायाम्' पा. 3. 4. 52. (परीप्सा त्वरा। शय्योत्थायं धावति ॥ सि. कौ). The courtier is in a hurry to bow to his master, the moment he leaves his bed. The ascetic also performs obeisance. The courtier degrades his family (गोत्र०). The विदूषक (the buffoon of the Indian stage) remains in the family of the hero, makes grimaces and makes his master laugh. The courtier dances (attendance) on his master. The servant is a blot on the fair name of his family (कु०). वंशं दहतः bamboos also are burnt by अङ्गार (live coal). नृपशोः...नमयतः a beast such as a bull bends its neck when grass is seen by it. The courtier bows even when a trifle is given by his master. The courtier is a mere mass of flesh (with no spirit or brains) who is born solely for the purpose of filling his belly. मांस also fills one's belly when eaten. गर्भरोगस्य मातुः—he is a diseased growth in the womb of his mother. There are certain diseases of the womb (*e. g.* mole) characterized by fleshy growths or knots. अपु...भृतस्य who becomes a servant because he committed sinful deeds (in past lives). प्रतिपत्तये क्रिया what action should bring exaltation (or honour) to him ? क्व... शान्तिः whither shall he go to secure rest. कः...मानः what manly pride can he entertain ? किं...श्रद्धा what sort of pleasures can he have ? What means his belief that he will enjoy (life) ? प्रबल...यति if once a man's feet stick in deep mud, the more he struggles to extricate himself, the deeper does he go. अभ... तस्याः may that advancement (of the courtier) come to an end ! For अभवनिः see above p. 182. तस्या....र्थस्य here do I fold my hands to such grandeur (*i. e.* I bid farewell to it). परिच्छदः paraphernalia, pomp. यदर्थे...ष्यति for the sake of which the head must prostrate itself on the earth. He says that if for securing wealth, rank and pomp, one has to bow his head, then it is not worth the trouble. Put a vertical line after गमिष्यति. मुख...कलमः—the construction is (यदि) मुख...रतः क्लीबः...सेवकोऽपि मर्त्यमध्ये (गण्यते) (तदा) राजिलोऽपि वा भोगी पुलाकोऽपि वा कलमः (भवेत्). The reading of B 'अशापा०' gives a good sense. तपस्वी ascetic; wretched. तपस्वी was capable of cursing or bestowing a boon. क्लीबः coward, mean; impotent. मुखप्रियं रतं यस्य—whose affection is pleasing only in his mouth *i. e.* who expresses only lip loyalty (and his heart feels no affection for his master). With क्लीब (impotent) the meaning cannot be explained in English. मुखे प्रियं रतं (सुरतं) यस्य. See सुश्रुत शारीरस्थान chap. 2. 38. 'पित्रोरत्यल्प-

बीजत्वादासेक्यः पुरुषो भवेत् । स शुक्रं प्राश्य लभते ध्वजोच्छ्रायमसंशयम् ॥'. पूति...मयः springing from (or consisting of) rotten flesh. पूति Putrid, foul smelling. Worms are found in rotten flesh. The courtier is a despicable creature (कृमि) emitting foul smell from his body (because he has no time to bathe). अगण्यमानः—of no account; of vast dimensions (अगण्यं मानं यस्य). नरकः an insignificant man; a hell. कुत्सितः नरः नरकः, कुत्सार्थे कन्. 'कुत्सिते' पा. 5. 3. 74. पादरजसा धूसरं उत्तमाङ्गं यस्य. A courtier's head is rendered dusty by bowing at the feet of his master. A foot-stool has its top dusty because the feet rest upon it. पुंस्कोकिलः a male cuckoo; a man like a cuckoo (पुमान् कोकिल इव). काकुः *f.* is the change of voice due to different feelings such a joy, sorrow &c. 'काकुः स्त्रियां विकारो यः शोकभीत्यादिभिर्ध्वनेः' अम०. The courtier can change his voice to suit the occasion. The cuckoo cries sweetly expressing its feeling of joy (in spring). C and T read स्थलकूर्मः which is preferable. क्रोडकषणेषु in rubbing the chest. 'न ना क्रोडं भुजान्तरम्' अम०. The courtier has to toil hard; the tortoise has its chest rubbed against the earth when moving. नीच...करणेषु in mean flattery, 'अस्त्री चाटु चटु श्लाघा प्रेम्णा मिथ्या विकत्थनम्' क्षीर०. मूर्च्छना—a duly regulated rise and fall of sounds due to the letting out of the air in a particular way; modulation of voice 'क्रमात्स्वराणां सप्तानामारोहश्चावरोहणम् । सा मूर्च्छेत्युच्यते' सङ्गीतरत्नाकर I. 4. 9. मूर्च्छना also means 'fainting or delusion.' करण...शेषु in the trouble of tying the limbs of the body. The servant has his various limbs tied to work of various kinds. करणं also means 'a posture of the body; a kind of dance.' 'करणं हेतुकर्मणोः । वणिजादौ हस्तलेपे नृत्यगीतप्रभेदयोः । क्रियाभेदेन्द्रियक्षेत्रकायसंवेशनेषु च' मे०. 'कामशास्त्रोदितकरणानि' com. पलालम् husk or straw (*i. e.* as worthless). सत्त्वशालिषु among those that are possessed of manliness. शालि suggests rice. कृकलासः lizard, chameleon. 'सरटः कृकलासः स्यात्' अम० (कृकं शिरोग्रीवं लासयति). The lizard now and again raises its head. The courtier has to nod his head to whatever his master speaks. जाहकः a polecat. आत्म...नेषु in contracting the body (with जाहक); in making his mind have a narrow vision (with servant). 'जाहको गात्रसङ्कोची' क्षीर०. 'आखुर्जाहकः प्राणिभेदः; कूर्म इत्यन्ये.' प्रतिपादकः 'footstool' C and T. पाद...सु in shampooing the feet (of his master); in bearing the feet. Compare verse 20 in the introduction to हर्षचरित 'शब्दैराख्यायिका भाति शय्येव प्रतिपादकैः'. प्रतिपादक seems to mean a block on which the leg of a couch rests. कर...ताडनेषु—the servant is slapped by his master. 'कोणो वीणा-

ऐरक्' पा. 4. 1. 128. सहचरीणां चारणे (feeding) चञ्चुराः (expert) चकोरचञ्चवः येषु. ०भुरुण्डैः भुज्यमानानि पाकेन (ripening) कपिलानि पीलूनि येषु. भुरुण्डः a kind of bird. पीलु a kind of fruit. ०फलानां विशसने (destruction) निःशूकाः (निर्दयाः) शुकशकुन्ताः तैः शातितानि शलाटूनि येषु. सदाफल a kind of tree. कट्फल—Marathi कायफळ. शलाटु raw fruit. 'आमे फले शलाटुः स्यात्' अम०. शैलेय belonging to a mountain. शिफा fibrous root. ०विवरेषु विस्रब्धं (fearlessly) विवर्तमानाः (rolling about) गौधेरराशयः येषु. गौधेर young lizard. 'त्रयो गौधेरगौधार—गौधेया गोधिकात्मजे' अम०. निरातङ्काः (fearless) रङ्कवः (deer) येषु. निराकुलाः ०कुलस्य केलयः (play) येषु. आरामः garden, grove. ०रामेषु रोमन्थायमानं (ruminating) चमूरयूथं येषु. We must read चमूरु (a kind of deer). 'नीलाण्डजा मृगभेदाः' com. C and T suggest that by नीलाण्डज a bird is meant. निर्विकारैः (motionless) वृकैः (wolves) विलोक्यमानाः पोतैः (calves) पीताः गवयधेनवः येषु. गवयः an animal resembling an ox, Gayal. श्रवणहारी (charming to the ear) सनीडस्य (निकटस्य) गिरिनितम्बनिर्झरस्य निनादः तेन निद्रा तया आनन्दः तेन मन्दायमानाः ०दुन्दुभयः येषु. The elephants became drowsy by the murmur of the stream and stopped the flapping of their ears. ०रवं रसमानाः रुरवः येषु. We expect रसयमाणाः (tasting *i. e.* listening with appreciation). रुरु is a kind of deer. प्रमुदिततराः (very much delighted) तरक्षवः येषु. क्षता (pierced by boars) हरिता (yellowish) हरिद्रा (turmeric) तस्याः द्रवेण रज्यमानं नववराहपोतानां पोत्रवलयं येषु. पोतः young. पोत्र snout—'मुखाग्रे क्रोडहलयोः पोत्रम्' अम०. ०कुञ्जेषु गुञ्जन्तः जाहकाः (polecat) येषु. जातीफलकेषु (nutmeg trees) सुप्तं शालिजातकवलयं येषु. For शालिजात as a pet, see text p. 69 l. 23. दशनेन कुपिताः ०पोतानां पेटकाः समूहाः तैः पाटितः पाटलमुखानां कीटानां पुटकः (hollow, nest) येषु. Some insects with red mouths bit the apes, which in anger crushed their nests. लकुचलम्पटाः गोलाङ्गूलाः तैः लङ्घ्यमानाः लवलयः येषु. लकुच the bread fruit tree. गोलाङ्गूल is a kind of monkey with a dark body and a tail like a cow's. लवली a kind of creeper. बद्धानि वालुकया आलवालवलयानि येषाम्. कुटिलाभिः कुटावलिभिः (rows of water-jars) वलितः (turned or checked) वेगः येषां तानि ०वेगानि गिरिनदिकास्रोतांसि येषु. ०काण्डेषु लम्बमानाः कमण्डलवः येषु. सूत्रशिक्येषु आसक्तानि रिक्तानि भिक्षाकपालानि तैः पल्लविताः लतामण्डपाः येषु. सूत्रशिक्यम् a loop made of threads. Compare Marathi शिंकें. निकटासु कुटीषु (huts) कृताः पाटलाः मुद्रया (by a stamp or seal) चैत्यकमूर्तयः येषु. The models of small चैत्यs were pink-red (पाटल) either because the mud used was red or because the stamp was impressed on vermilion. For the latter, compare p. 32. चैत्यः a monument, pyramidal column containing the ashes of deceased persons; or a sacred tree *(e. g. figtree)* growing on a mound; hall or temple. चीवराम्बरस्य रागेण (redness) कषायं उदकं तेन दूषितः उद्देशः (प्रदेशः) येषाम्. 'चीवरं मुनिवासः' क्षीर०. मेघ...हलाः—peacocks ran wild in the forest and emitted loud notes. When a cloud is seen peacocks dance and cackle. Hence the trees are said to be मेघमय. वेद...गहनाः—the trees were full of numerous branches (शाखा); the वेदs are subdivided into numerous schools; *e. g.* the ऋग्वेद had 21 शाखाs of which शाकल and बाष्कल were the two principal ones. Note 'एकशतमध्वर्युशाखाः, सहस्रवर्त्मा सामवेदः, एकविंशतिधा बाह्वृच्यं, नवधाथर्वणो वेदः' महाभाष्य (Kielhorn) vol. I p. 9. महानीला (very dark) तनुः येषाम्. महानीलः is also a kind of sapphire or emerald. तिमिर...मुषः—the trees attracted the eyes of all people; darkness obscures people's eyes. तिमिर is also an eye disease. ऊर्ध्वीकृताः महाह्रदाः (great lakes) यैः—There were lakes in the forest; there are deep spots in the यमुना also. ०मणिवत् श्यामलाः—the trees were green like emerald, particularly in Spring. Hence they are said to be the pleasure—hill of वसन्त, dark with emerald. अञ्जनाचलाः—as the trees were dark with shade, they are represented to be hills of collyrium. For the same reason they are fancied to be the darkness of पाताल. As पाताल is supposed to be below the earth, the author says 'भित्त्वा भुवमुत्थिताः.' What प्रतिप्रवेशकाः means is difficult to say. A and C read प्रतिवेशिकाः (neighbours). The com. reads 'प्रतिप्रसवकाः प्रतिच्छन्दकाः' *i. e.* reflections, images. प्रति...शकाः may mean 'the ushers, those that introduce.' अंशावतार—see p. 191. कृष्णरात्रीणाम् of the nights of the dark half. The trees were dark like इन्द्रनील. अदूर...भदन्तेन the venerable sage must not be far off. भदन्तः a term of respect applied to a Buddhist. समुपस्पृश्य having sipped and ejected water as a religious act. युगपद्विश्रामेण (sudden rest) समुन्मुक्तः हेषाघोषः तेन बधिरीकृतं अटवीगहनं यया (*adj.* of वाजिसेनाम्). अवलम्ब्य...विनयं हृदयेन...मंसे having assumed in his heart humility and having leant with his right hand on the shoulder of माधवगुप्त. माधवगुप्त was the younger of the two princes from Mālava, who were the companions of Harsha in his boyhood. See text p. 12 l. 17.

P. 128 ll. 1–32 **अथ तेषां...ववन्दे.** The principal sentence is अथ तेषां तरूणां मध्ये...दिवाकरमित्रमद्राक्षीत्. The instrumentals from नानादेशीयैः are connected with आवेद्यमानम् (l. 8). स्थाणूनाश्रितैः sitting on or reclining against posts. अरण्यानी–'महारण्यमरण्यानी' अम०. निकुञ्जः bower. निलीन hidden. वीतः (विगतः) रागः (passion) येषाम्. This may be an *adj.* of आर्हतैः or may be taken independently. आर्हतैः by Jain philosophers. अर्हत्—a sanctified teacher

the good will remove their distress. The construction is यत इयं नः स्वामिनी...अग्निं प्रविशति...आर्योऽपि तावत् व्यापारयतु वाणीमस्याम्. पितुः refers to प्रभाकरवर्धन. भर्तुः refers to her husband ग्रहवर्मा. प्रवासेन by the journey (of हर्ष). The reading of B supplies a gap. The text does not refer to her mother nor to राज्यवर्धन. निरवलम्बना without support. नीचाराति refers to the king of Malva who killed ग्रहवर्मा. प्रकृतिमनस्विनी spirited by nature. कदर्थितं सौकुमार्यं यस्याः. उपर्युपरि व्यसनैः by calamities (befalling her) one after another. निवा...जनम् not minding her elders that dissuade her and whom she never disobeyed before even in dream. अख...स्वपि whose requests were not violated even in play. अविद्यमानं शरणं यस्य helpless. यथा...स्याः शोकः from what you say (I gather that) her sorrow is beyond the reach of my words. पुण्यः आशयः (अभिप्रायः) यस्याः whose thoughts are holy. उपरिष्टात् afterwards (after that moment). अभ्यर्थना request. दुःखमेव अन्धकारपटलं तस्य भिदुरैः capable of piercing &c. सौ...दर्शनैः by the sayings of बुद्ध and his own illustrated by examples. स्वकैः सुभाषितैः. दर्शितानि निदर्शनानि येषु. नाना...कौशलैः by his eloquent words weighty with various texts. कुशलं (पुण्यं) शीलं यस्याः. प्रबो...यिष्यति will place her on the path of enlightenment. अशरणानां कृपणानां (distressed) बहुयुवतीनां मरणं यस्मिन्.

P. 133 l. 27—**P. 135** l. 26 **अथ...संभ्रमम्.** भिक्षोरिदं भैक्षवम् (भाषितम्). निम्नीकृतं मनः यस्य—whose mind was depressed (by sorrow). सर्वैः आकारैः संवदति इति तया. सर्वा...सन्देहः whose doubts were dispelled by the very condition (of that woman) that agreed in all features with (that of his sister). श्रमणः a Buddhist ascetic. निष्कारणवैरिभिः goes with भागधेयैः. यदि...यामः if we can honour her somehow while she is alive *i. e.* if we can reach the place and find her alive. तेन शाक्यपुत्रीयेण refers to the pupil of दिवाकर० who had seen राज्यश्री. प्रदिश्यमानं वर्त्म यस्य. पद्भ्यामेव—connect with प्रावर्तत (started). तं...पिबन्निव as if drinking the distance by his rapid steps. मुमूर्षोः (from the desiderative base of मृ) desirous of dying. Read धारयसि. The root in धरणी is the same as in धारयसि. If the earth is धरणी (supporter), it must support even राज्यश्री. प्रभाकरवर्धन was धरणीनाथ. His daughter therefore is the daughter of the earth. पुष्पभूति was the ancestor of हर्ष. See p. 1 (text, 4th उच्छ्वास). मुखरवंश्य refers to ग्रहवर्मा, husband of राज्यश्री. विवि...धुराम् overwhelmed with various agonies (आधिः). न विबोधयसि why dost thou not enlighten (also why dost thou not bring to consciousness)? भक्त...सुप्तोऽसि thou art asleep when your devotees are suffering torments. पुष्प...पातिन् partial to the house of पुष्प०. राजधर्म was always associated with पुष्पभूति's line. The foremost duty of a king is to protect. The com. says 'राजधर्मो बुद्धः' पतङ्गः the sun. चारित्र is called ungrateful चण्डाल, because it does not help राज्यश्री, though she guarded it jealously. Many women are described as rising superior to all difficulties by their चारित्र (chastity). कि...लक्षणैः what have her auspicious marks settled for her? The idea is:—is this the end that the auspicious marks on her body indicated would be hers? प्रतापशील was an *alias* of प्रभाकरवर्धन (see p. 1 text). निष्ठुरः...भावः the world of the dead is cruel. संवादय declare. नितान्तनिःशूक extremely cruel. श्वपाकः = चण्डालः. सकामोऽसि thou hast secured thy desire. गान्धारि—This (गान्धारी) and the following are the names of the attendants of राज्यश्री, who are making ready to kill themselves along with their mistress. गृही...पाशः this creeper has already been taken by me. The idea is:—take another creeper for using it as a halter to kill yourself. पिशाचि—She is called पिशाची because पिशाचs are supposed to dwell on boughs. हंसि...ङ्गम् why do you still beat your head? The idea is there will be an end of grief soon. So don't beat your head now. मुक्तगलं = मुक्तकण्ठम्. दूरी...सार्थः your friends are going far off *i. e.* they are all going to a land whence there is no return and where you and they may never meet. शवशिबिरे in this camp of corpses (after the women have killed themselves). शबरिके—this is addressed to some *Bhil* woman of the forest who befriended them. तनूनपाति in fire. त्वमपि—there is a question here and in मातर्मातङ्गिके &c. वत्स्य... नगरे how will you dwell in the city of the dead which is hateful? विरा...सायेन you are illumined (*i. e.* made famous) by your resolve to sacrifice your life in the princess' misfortune. भृगु...भिज्ञे who know your lot *viz.* preparing to fall from a precipice. For भृङ्गार see p. 117. वीजय fan. Separate नमति इन्दीवरिका. देहि...काशम् give me room to go round the fire. कुरबककोरकैः (buds of कु०) आचिताम् (filled with). Remove the line after गृहाण. चामरं...कण्ठे Oh! chowriebearer! again hold the chowrie to the neck. This hardly makes any sense. So we must read चरमं for चामरम् the meaning being 'clasp me by the neck for the last time.' मर्ष...हसितानि you must forgive my unchecked laughs due to

Sīlas. For शील, see above p. 223. क्लेश...भूतैः that are the cause of the abandonment of the क्लेशs. क्लेश means 'evil passions'. They are ten such as लोभ, मोह, मान, दृष्टि (heresy), विचिकित्सा, (doubt), स्त्यानं (sloth), औद्धत्यम् &c. क्लेशs are the causes of sinful actions and therefore of rebirth. तथागतैर्दर्शनैः by the doctrines of बुद्ध. समाप्तं कृत्स्नं येन (*adj.* of मया). अतिसृजन्ति grant. सुरनाथम्=इन्द्रम्. दधीचः—the gods requested दधीच for his bones which were to be turned into a वज्र for killing वृत्र. See वनपर्व chap. 100. मुनिनाथः=बुद्धः. 'मुनीन्द्रः श्रीघनः शास्ता' अम०. अनपेक्षिता आत्मस्थितिः येन who cared not for the continuance of his life. अनु...कृत्वा thinking that it was an act of compassion. वठरसत्त्वेभ्यः to animals that are dull *i. e.* to beasts like the lion. The com. refers to the story of Buddha's offering himself in a former life to a hungry lioness that was about to devour its own young. This story occurs in the जातकमाला (Harward series) where it is a व्याघ्री and not a lioness. भव्याः the good or worthy. Read इमं for इमाम्. Remove the line after इमं. Mark the construction (गुणाः बलिं गृह्णन्ति primitive; असौ जनः गुणान् बलिं ग्राहयति causal; गुणाः अमुना जनेन बलिं ग्राहिताः passive causal). चेतसा...जनेन this person (*i. e.* I) already made in his mind an offer of this body to your virtues. If we read कायकलि that will be in keeping with the words on p. 75 l. 7 (कायकलिरसाकम्). उपयोगस्तु गुणवदायत्तः the use of it is in the hands of you, a virtuous man. तस्मिन् refers to दिवाकरमित्र. अभिनन्दितः प्रणयः येन who welcomed his request or friendship. निर्घात is the शबर who gave intelligence about दिवाकर०. अनुजाह्नवि along the banks of the Ganges. जाह्नव्याः अन्वायतम् (अव्ययीभाव).

P. 141 ll. 7—29 तत्र च...नरेन्द्रायेति. प्रणयिभ्यः to his friends. ततार crossed over *i. e.* set. बहल...पिङ्गलः tawny with thick and plentiful honey (with पङ्क०); tawny like thick &c. (with दिवस). पङ्कजानां आकरः (समूहः) bed. Both the lotuses and the day are dear to the चक्रवाक. See pp. 10, 57. The sentence is पूषा रोचिषां जालकानि पुनरपि निजवपुषि सञ्जहार—the sun again withdrew in his own body the masses of his rays. प्रकीर्णानि dispersed (with rays); published or promulgated, or scattered (with यजूंषि). नवरुधिररसवत् अरुणः वर्णः येषाम् (with जालकानि) or ०रसेन अरुणाः वर्णाः (letters) येषाम् (with यजूंषि). कुपित...वान्तानि vomited from the mouth of the angered याज्ञवल्क्य. याज्ञवल्क्य was the pupil of वैशम्पायन, who was the pupil of व्यास. वैशम्पायन incurred the sin of ब्रह्महत्या. He asked his pupil to perform some sacrifice whereby he might be purified. याज्ञवल्क्य said that the Brāhmaṇas to be invited for the sacrifice had no holiness in them. At this expression of disrespert for Brāhmaṇas his teacher got angry and said 'मुच्यतां यत्त्वयाधीतं मत्तो विप्रावमन्यक ॥ निस्तेजसो वदस्येतान्यस्त्वं ब्राह्मणपुङ्गवान् ।' Thereupon याज्ञवल्क्य vomited the Yajus hymns, which the other pupils took in the form of partridges (तित्तिरि). Those hymns came to be called कृष्णयजुर्वेद; while याज्ञवल्क्य promulgated a separate recension, which he received from the sun, called शुक्लयजुर्वेद. 'मयाप्यलं त्वयाधीतं यन्मया तदिदं द्विज ॥ इत्युक्त्वा रुधिराक्तानि सरूपाणि यजूंषि सः । छर्दयित्वा ददौ तस्मै स्वेच्छया चाययौ मुनिः ॥ यजूंष्यथ विसृष्टानि याज्ञवल्क्येन वै द्विज । जगृहुस्तित्तिरा भूत्वा तैत्तिरीयास्तु ते स्मृताः ॥' विष्णुपु. III. 5. 10–12. The com. makes याज्ञवल्क्य a pupil of शाकल्य. लोका...जूंषि—लोकस्य आलोकं जुषन्ते—that like to illumine the world (with rays). लोकालोकः पर्वतः तं जुषन्ते that visit or go to the mountain लो०. लोकालोक is a mythical mountain in पुष्करद्वीप, the last of the seven द्वीपs. Beyond लोकालोक there is complete darkness and on this side of it there is light. See विष्णुपु० II. 4. 'लोकालोकस्ततः शैलो योजनायुतविस्तृतः ।...ततस्तमः समावृत्य तं शैलं सर्वतः स्थितम् । तमश्चाण्डकटाहेन समन्तात्परिवेष्टितम् ॥' 95–96. पापं मुष्णन्ति इति पाप०—applies to both. क्रमेण च—the principal sentence is क्रमेण च उष्णांशुः (सूर्यः)...मुहूर्तमदृश्यत. समुपोह्यमानः (increasing) मांसलः (thick, deepened) रागः (red colour) तेन रोचिष्णुः. The poet now puts forward many similes to convey the idea of the redness of the disc of the setting sun. It resembled the congenital crest jewel (चूडामणि) of अश्वत्थामन् (son of द्रोण) placed in his turban. उष्णीषबन्धे (उष्णीषस्य बन्धः यत्र तत्र शिरसि) सहजः. 'उष्णीषं शिरोवेष्टकिरीटयोः' अम०. वृकोदरः भीमः तस्य करेण उत्पाटितः (snatched off). प्रत्यग्रं शोणितं तेन शोणः अङ्गरागः तेन रौद्रः (looking) terrible with the red unguent of his own fresh blood. When the jewel that was on his head from birth was snatched away, blood spurted on his body. The colour of the sun's body (अङ्गरागः) was red like fresh blood. For the story see महा० सौप्तिकपर्व chap. 14 and 15. अश्वत्थामा discharged ब्रह्मास्त्र and अर्जुन in return did the same; when नारद and व्यास intervened, अर्जुन took it back, but अश्वत्थामा could not and so he had to give the jewel on his head in exchange for his life. कपाल...पैतामहः (the sun looked) like the begging skull-vessel of Brahmā (पितामह) reddish by being filled with blood from the veins and arteries of the head, that was hurled down by S'iva who is skilled (or fond of) in giving alms to the Rudras. रुद्रेभ्यो

Hāla, 151
haṃsas, follow the tinkling of anklets, 172, 335, 467, 563; are white, 175, 561; vehicles of Brahmā, 175, 561; migrated to Mānasa lake at the approach of rains, 204, 306; subsist on lotus stalks, 221
harem, dwarfs as attendants of, 398; attendants of, 471
Harichandana, very fragrant sandal, 279
Harichandra, a great prose writer, 150; writer of Dharmāśramā-bhyudaya-kāvya, 151
Hariśchandra, story of, 367
Harivaṃśa, 160, 562
Hastyāyurveda, 376-377
hawks, bring down nests of birds, 244
heart, spoken of as a lotus, 142; Supreme Soul dwells in, 142
heir-apparent, installation of, a great function, 429
hell, places of torment, 242; Avichī, one of many, 242; Manusmṛiti emumerates twenty-one, 242; torments of, shown on canvas, 417; many described in the Purāṇas, 512
Hemachandra, 151
Hemakūṭa, abode of gandarvas, 558
heros, dying in battle, welcomed by apsarās, 473; were taken to heaven in celestial cars, 478
hippopotamus, 565
Hiraṇyagarbha, born, in egg, 402, 409; created heaven and earth 409, 538,
Hiraṇyakaśipu, was killed by Narasiṃha, 362,411
horses, various breeds of, 266; rolling on saffron pots, 329; from Kamboja, excellent, 402, 547; from Tangana, 544
human flesh, offered to secure superhuman powers, 341
humility, cane is a symbol of, 383
Hūṇas, 376
hyena, blood of, used in preparing medicine, 587

images, of goddesses, emitted smoke from hair in misfortune, 463
impurity, persons in, to sleep on spare beds, 185; on death of a sapiṇḍa for ten days. 487
incantations, see under mantras.
Indra, lord of the east, 177, 220, 359; his garden, Nandana, 191; his hand paralysed by Chyavana, 201; cut off wings of mountains, 223, 297, 319, 391; his horse, Uchchaiḥśravas, 258; has a thousand eyes, 330, 335, 409; seduced Ahalyā, 409; his vehicle, Airāvata, 412; jealous of those who perform one hundred Aśvamedhas, 495; took Pārijāta, 548; guilty of brahmahatyā by killing Vṛtra, 549
insects, called ghuṇa, eat timber, 512
instruments, musical, 403
Īśāvāsyopanishad, 149
itihāsa, defined, 314, 485

Jackles, female, howling evil omen, 463, 535
Jahnu, emitted Ganges from his ear, 225, 347
Jaimini, founder of Pūrvamīmāṃsā, 594
Jaina ascetics, dirty, 250; carried peacock's feathers, 242, 442; means Buddhists also, 163; sight of, evil omen, 616
Janaka, king of Mithilā, famous for his austerities, 336
Janamejaya, began serpent sacrifice, 510
jars, full of water placed at doors, as auspicious, 211, 407; marked with five finger marks, auspicious 256; placed at the head of bed to ward off evil, 437; with sprays on their tops, auspicious, 539
jasmine, wreath, worn on head, 431
Jātakamālā, 622
Jātakas, the Buddha's birth stories, 595
jāti, a figure of speech, 145; a class of metres, 145
jay, a bird, 243
jewels, churned out of the ocean, 288; great, fourteen or six, 396; some of the fourteen mentioned, 434; supposed to possess wonderful powers, 610
Jumna, dark, 261, 351
Jupiter, preceptor of the gods, 343
justice, hall of, to be entered by king after dinner, 263
jyotisha, three branches of, 395

kadamba, a tree, puts forth buds at first shower of rain, 296-306, 391; buds of, compared to hair, 583
Kādambarī, 373, 381, 388, 391, 394, 422, 437, 442, 451, 458, 465, 565, 573, 583
Kailāśa, elephants found in, 286; white and high, 286; abode of Śiva, 346; a peak of the Himalayas, 438; shaken by Rāvaṇa, 551
Kaiṭabha, a demon, killed by Vishṇu, 625
Kākavarṇa, a king, 533

kālakūṭa, poison, sprang from ocean at churning, 143, 352; drunk by Śiva, 143, 619, represented as dark, 398
Kali, age of sin, 380, 398
Kālidāsa, identified with Matṛgupta, 152; highly praised, 154
Kāliya, a serpent, in Jamuna, humbled by Kṛishṇa, 284, 351, 503
Kaliṅga, a country, 534
Kalmashapāda, a king, story of, 522
Kalpa, a day of Brahmā, 220; destruction of world at the end of, 450; world lies in Vishṇu's belly at the end of, 551
Kalpataru, tree of paradise, 376; yields what is desired, 603
Kāmandakīnītisāra, 398, 414, 497, 534-535
Kāmasūtra, 421
Kamboja, a country, 266; bread good horses, 402, 547
Kaṇāda, founder of the Vaiśeshika school of philosophy, 594
Kaṇva, dynasty, 533
Kānyakubja, modern Kanoj, capital of the Maukharīs, 502; Gādhinagara and Kuśasthala seen to be same as, 580
Kapila, followers of, had matted hair, 244; founder of the Sāṃkhya school of philosophy, 483, 594
Kārdaraṅga, shields of, 564
karma, law of, 180
Karṇa, obtained a Śakti from Indra, 150; son of Kuntī and Sun, 295, 569; friend of Duryodhana and king of Aṅga, 569
Kārtavīrya, a king, killed by Paraśurāma, 318; had a thousand arms, 551; stemmed into Narmadā, 552
Kārtikeya, deity, also known as Skanda, his weapon called Śakti, 320; commander of the gods, 320, 413; killed Tāraka, 204, 413; son of Śiva, 413; was born in reeds, 513
karuṇā, one of the four appamaññās, in Buddhism, 606
Karūsha, a country, 534
kāśa, a flower, seen in Śarad, 261, 514
Kāśikāvṛtti, 313
Kathāsaritsāgara, 154-155, 409, 414, 479, 612
Kaṭhopanishad, 170
Kaustubha, a jewel, churned from the ocean, 200, 288; worn by Vishṇu on the chest, 200, 432
Kāvyādarśa, 145, 147-149, 151-152, 191, 411, etc.
Kāvyālaṃkārasūtra, 148
Kāvyaprakāśa, 144, 147, 207, 252, 324, etc.
Kauṭilya, 251
Keśin, a demon, killed by Kṛishṇa, 503
ketaka, a flower, blossoms when clouds thunder, 405
khādira, a tough tree, 589
kimpurushas, 559
kings, took ceremonial bath when the moon is in conjugation with the Pushya, 258; three Śaktis of, 298; protection, the first duty of, 317; coronation of, with sacred water, 377; revilers of, punished, 556; transferred kingdoms to sons in old age, 501
kinnaras, race of semi-divine beings, 559
Kirātārjunīya, 154
kiss, of fathers, on the head of son, when going on journey, 420
kleśas, ten, in Buddhist philosophy, 622
Kosha, Buddhist dictionary, 320; Vasubandhu, author of, 595
Kramapāṭha, ascribed to Pāñchāla Babhravya, 161
krauñcha, a bird, 512
Krātha, son of Dhṛitarāshṭra, 559
Kṛishṇa, danced on the hoods of Kāliya, 284, 503; killed demon, Arishṭa, 297; danced with gopīs, 401; his wife, Rukmiṇī, 498; killed demon, Keśin, 503; was born in Śrāvaṇa, 392; sixteen thousand wives of, 399
Kṛityayuga, an era of unmixed virtue, 186, 264; no confusion of castes in, 325
Kshatriya brahmachārin, wears ruku skin, 419; description of, 419
Kshatriyas, extirpated by Paraśurāma, 322
Kshemendra, abridged Bṛihatkathā, 154
Kubera, his garden, Chaitraratha, 202; lord of nine nidhis, 297, 407, 615; lord of the north 359; guardians of his treasures, yakshas, 304, 333; friend of Śiva, 569; right eye of, yellow, 569
Kukkuṭa-vrata, 225-226
Kullūka, 481
Kumārasambhava, 143, 200, 223, 344, 381, 410, 436-437, 461, 468, 472
Kumārilabhaṭṭa, 409
kumuda, white lotus, blossoms at night, 203
kuśa, grass, wards off evil, 169
Kuśasthala, identified with Kānyakubja, 580
Kuvalayāśva, story of, 317